KB212981

지친 날들의 은혜

지친 날들의 은혜

지은이 | 김은호
초판 발행 | 2016. 9. 26

등록번호 | 제1988-000080호
등록된 곳 | 서울특별시 용산구 서빙고로 65길 38
발행처 | 사단법인 두란노서원
영업부 | 2078-3352   FAX | 080-749-3705
출판부 | 2078-3331

책값은 뒤표지에 있습니다.
ISBN 978-89-531-2640-4 03230

독자의 의견을 기다립니다.
tpress@duranno.com   www.duranno.com

두란노서원은 바울 사도가 3차 전도여행 때 에베소에서 성령 받은 제자들을 따로 세워 하나님의 말씀으로 양육하던 장소입니다. 사도행전 19장 8-20절의 정신에 따라 첫째 목회자를 돕는 사역과 평신도를 훈련시키는 사역, 둘째 세계선교(TIM)와 문서선교(단행본·잡지) 사역, 셋째 예수문화 및 경배와 찬양 사역, 그리고 가정·상담 사역 등을 감당하고 있습니다. 1980년 12월 22일에 창립된 두란노서원은 주님 오실 때까지 이 사역들을 계속할 것입니다.

눈물을 보물로 바꾸는 회복의 능력

지친 날들의 은혜

김은호 지음

두란노

서문

1부

지친 날들에 하나님은
찾아오신다 _____

2부

지친 날들에 하나님은
말씀으로 위로하신다 _____

회복의 축복

'지친다.' 일터에 나가시는 고단한 아버지의 어깨에서, 가족을 위해 새벽을 깨우는 어머니의 분주한 일과에서, 공부 때문에 하루 종일 학교와 학원을 전전해야 하는 아이들의 스케줄에서 그리고 쉼 없이 기계적으로 돌아가는 사회 시스템과 그 시스템에서 아등바등 살아남기 위해 허우적대는 일상의 삶들에서 요즘 '지친다'라는 안쓰러운 말을 쉽게 들을 수 있다.

쏟는 에너지에 비해 채워짐이 없는 탓일 것이다. 특히 영적인 채워짐이 없으면 삶의 전반은 흔들릴 수밖에 없다. 이런 흔들림으로 지치고 상한 마음을 주님께서는 아시고 만져주신다. 또한 여호와를 앙망하는 자에게 새 힘을 주신다. 하나님께서 중심이 되는 인생은 어떤 상황에도 흔들리지 않는다. 주님의 모든 사랑이 내 안에 완전한 회복이 된다. 주님의 모든 일하심이 우리 안에 거룩한 능력이 된다.

사람들은 회복에 대해 강렬한 열망을 가지고 있다. 시력을 회복하고, 병을 회복하고, 사업을 회복하고 또한 관계를 회복시키고 싶어 한다. 이러한 회복 본능은 무엇이든 처음이 존재했다는 것을 의미하며, 처음을 있게 한 창조주의 존재를 확인시켜 준다. 역설적으로 인간은 스스로 나아질 수 없는 연약하고 유한한 존재라는 것 또한 상기시켜 준다.

최근 나라가 많이 어려워졌다. 국민은 애타게 회복을 갈망하지만 국민을 돌보지 않는 여야 정치인들의 이기적 작태로 국론이 분열되고 곳곳에서 갈등이 표출되고 있다. 'N포'로 대표되는 젊은 세대는 희망을 잃고, '명예퇴직'의 직격탄을 맞은 기성세대는 서서히 자리를 잃어간다. 각 계에 포진한 수많은 리더가 희망과 화합을 내세워 회복을 이야기하지만 정작 희생을 감수하며 그 뜻대로 행하는 자들은 보이지 않는다.

기독교도 마찬가지이다. 자정 능력을 넘어선 교회의 잘못들 때문에 하나님의 영광이 가려지고 주님은 아파하고 계신다. 세상과 다름없이 복 받는 자리는 열광하면서 정작 십자가를 져야 할 자리는 누구도 선뜻 나서지 않는다. 모두 마음이 상하고 다쳤기 때문이다. 영혼이 지치고 하나님의 말씀에서 멀어져 교만해졌기 때문이다.

그럴 때마다 주님은 회복을 통해 새로운 꿈을 꾸게 하셨다. 성경을 보면 역사적으로 위기를 돌파해갈 때, 하나님은 항상 믿음과 비전의 사람을 통해 새로운 길을 내셨다. 여호수아와 갈렙, 다윗과 다니엘이 그랬다. 믿음의 사람들은 하나님과의 첫 사랑의 회복, 잃어버린 소망의 회복을 통해 주님의 사역에 거룩한 도구로 사용되는 감격을 누렸다.

내가 섬기는 오륜교회도 마찬가지이다. 한국 교회에 대안을 제시하며 다음 세대를 위해 쓰임 받기를 소망하는 오륜교회가 주님의 나라를 위하여 교회와 가정과 학교에서 거룩한 도구로 섬길 수 있는 것은 전적으로 하나님의 은혜이다. 주님은 무너진 교회와 가정과 학교가 하나님의 진리와 사랑으로 본연의 모습을 찾아 회복되고 우리가 축복받기를 원하신다. 사도 야고보의 가르침대로 우리는 이것을 믿음으로 받고 기도하며 행해야 한다. 왜냐하면 무너진 가정과 학교의 회복 없이는 신앙 공동체도 온전히 세워질 수 없기 때문이다. 그러므로 이러한 영광에 참여할 수 있다는 것 자체가 큰 은혜요, 감격이다.

하나님의 자녀요, 그리스도의 제자인 우리는 예수 그리스도의 형상으로 회복되는 일이 무엇보다 필요하다. 우리는 이 땅에서 내가 주인으로 살아가는 것이 아닌 하나님의 주권을 인정하며 말씀의 다스림을 받는 회복을 구해야 한다. 성령님이 주시는 기도의 능력으로 회복을 선포해야 한다. 이것이 축복이요, 하나님 나라를 누리는 것이다.

이 책은 '다니엘 기도회'를 통해 하나님의 친밀한 음성을 듣고 성령님의 조명을 받아 선포했던 회복에 대한 설교들을 엮은 것이다. 부족한 종을 복음의 도구로 쓰시는 하나님을 찬양하며 구원자 되시는 예수 그리스도께만 누릴 수 있는 참 평안과 회복이 지친 날들을 살아가며 이 책을 읽는 여러분의 심령 가운데 있기를 소망한다. 또한 그리스도와 동행하며 다시 일어서는 꿈, 다시 사랑하는 기쁨을 통해 '회복의 축복'이 있는 그리스도의 자녀가 되기를 진심으로 축복한다.

2016년 9월

김은호

1부

지친 날들에
하나님은
찾아오신다

. . . . .

우리 삶에 회복이 필요하지
않은 것은 하나도 없다.
하나님과의 친밀한 사귐만이
지쳐가는 우리 영혼에
온전한 회복을 이끈다.

1

하나님이 주신 영적 DNA를 회복하라

내 책《꿈만 같습니다》(높은오름, 2009)의 첫 페이지에는 목회를 시작했을 때 품었던 두 가지 소원이 나온다. 하나는 교회의 주인이 목사가 아니고 주님임을 드러내는 것이고, 다른 하나는 십자가의 피 묻은 복음이 얼마나 위대한 것인지를 널리 알리는 것이다. 그 소원을 두고 지금까지 목회 현장에서 무릎을 꿇고 간절히 주님께 부르짖고 있다. 이 땅의 모든 영혼과 교회의 회복을 위해 기도드리며 하나님께 온전히 맡기려는 것이다. 우리는 모두 하나님 나라와 그 의를 선포하고 세우기 위해 창조되었기에 그 창조의 섭리에 순종하고자 하는 것이다.

회복이란, '원래 상태로 돌이키거나 원래 상태를 되찾는 것'을 말한다. 따라서 회복은 창조의 섭리에 부합하고자 하는 경향이 강하다. 하나님과 처음 만났던 가장 순수했던 때로 돌아가고자 하는 회귀 본능이 있기 때문이다. 회복은 신앙생활뿐만 아니라 육체와 마음, 가정과 일터, 심지어 비전까지 삶의 모든 영역에 필요하다. 우리 삶에 회복이 필요하지 않은 것은 하나도 없다.

하나님의 형상대로 지음 받은 우리

> "하나님이 이르시되 우리의 형상을 따라 우리의 모양대로 우리가 사람을 만들고"(창 1:26a).

하나님은 당신의 형상을 따라 인간을 지으셨다. 인간을 제외한 다른 피조물들은 말씀으로만 창조하셨다. 진화론자들은 물질이 영원 전부터 존재했고, 이 단세포 유기물이 바이러스, 박테리아, 식물, 동물 등의 순으로 점점 진화하여 인간이 되었다고 말한다.

그러나 하나님은 "우리의 형상을 따라 우리의 모양대로 우리가 사람을 만들었다"라고 분명하게 말씀하신다. 여기서 '우리'는 성부와 성자, 성령을 말한다. 삼위일체이신 성부와 성자와 성령이 당신의 형상을 따라 우리 인간을 지으신 것이다.

특별히 이 말씀에 나온 '형상'과 '모양'에 대한 논쟁은 오랫동안 계속되고 있다. 과거 초대 교회 교부들은 하나님의 형상과 모양을 구분하여 하나님의 형상은 영(靈)이고 모양은 혼(魂)이라고 말했다. 또 어떤 이들은 하나님의 형상은 하나님의 성품이고 모양은 하나님의 모습이라고 말한다. 하나님도 우리 인간의 모습처럼 생겼다는 것이다. 그러나 정통 개신교에서는 하나님의 형상과 모양을 구별하지 않는다.

> "아담은 백삼십 세에 자기의 모양 곧 자기의 형상과 같은 아들을 낳아 이름을 셋이라 했고"(창 5:3).

아담은 130세에 자기의 모양, 곧 자기의 형상과 같은 아들을 낳았다고 한다. 여기에서도 모양과 형상을 동일하게 사용하고 있다. 그러므로 하나님이 자기의 형상을 따라 자기의 모양대로 인간을 지으셨다고 한 것은 동일한 용어를 반복적으로 사용해서 그 의미를 강화한 것이다. 형상과 모양을 하나님의 성품을 가리키는 같은 단어로 보기 때문이다. 그렇다면 하나님의 형상대로 지음 받았다는 것은 무엇을 의미하는가?

첫째, 살아 있는 영을 갖는 것이다.

> "여호와 하나님이 땅의 흙으로 사람을 지으시고 생기를 그 코에 불어넣으시니 사람이 생령이 되니라"(창 2:7).

하나님은 인간을 지으실 때 흙으로 지으셨다. 마치 토기장이가 흙을 빚어 그릇을 만드는 것처럼 우리를 지으셨다. 이처럼 우리 육체의 원재료는 흙이다. 우리는 모두 흙에서 왔다. 그래서 하나님은 아담이 범죄했을 때 "너는 흙이니 흙으로 돌아갈 것이니라"(창 3:19b)라고 말씀하신 것이다.

또한 하나님은 흙으로 지은 인간의 몸에 생기를 불어넣으셨다. 여기서 '생기'는 히브리어로 네사마(נשמה)라고 하는데, 이는 '숨', '호흡', '기운'을 뜻한다. 생명의 근원이 되시는 하나님이 그 코에 생명의 기운을 불어넣으신 것이다. 그래서 무엇이 되었는가? '생령'(生靈), 즉 살아 있는 영이 되었다. 하나님은 우리의 육체뿐만 아니라 영혼도 창조하셨다. 그래서 에스겔 선지자의 입을 빌어 "모든 영혼이 다 내게 속한지라"(겔 18:4) 하고 말씀하신 것이다.

하나님은 왜 우리 인간을 생령으로 창조하셨는가? 그것은 영이신 창조주 하나님과 교제하기 위해서이다. 하나님은 영이시다. 그러므로 그 살아 있는 영을 가진 자만이 하나님과 교제할 수 있다. 살아 있는 영을 가진 자만이 하나님의 마음을 알 수 있고, 하나님과 대화를 나눌 수 있으며, 하나님을 기뻐하며 살 수 있다.

그런데 생령에 대하여 언급하는 또 다른 이들이 있다. 서점에 가 보면 '생령'이라는 제목으로 책이 몇 권 나와 있는데, 세상 사람들은 생령을 어떻게 이해하고 있는지 궁금해서 읽어보았다. 그러나 그들이 말하는 생령은 성경이 전하고 있는 것과는 너무나 달랐다.

어떤 책의 저자는 생령을 '죽지 않고 살아 있는 사람의 정신'이라고 정의했다. 그가 말하기를 이 생령이 우리 몸 안에 살면서 삶에 지대한 영향을 끼친다는 것이다. 살아 있을 때뿐만이 아니라 죽어서는 귀신이 되어 자기 핏줄들의 육신으로 들어가 온갖 질병과 고통과 불행을 안겨 준다는 것이다. 그러므로 생령과의 대화를 통해 생령의 소원을 알아내어 이루어줌으로써 우환질고에서 벗어나야 한다고 주장한다. 또한 그 책의 저자는 거리와 상관없이 전 세계 어디에 살고 있든, 산 사람의 생령을 부를 수 있다고 말한다. 자신이 살아 있는 사람의 영혼에게 명령을 내리면 3분 안에 즉시 온다는 것이다. 하지만 그가 말하는 생령은 그 사람과 관련된 귀신을 말하는 것이지, 성경이 말하는 생령이 아니다.

성경이 말하는 생령은 죽고 난 다음에 귀신이 되어 그 후손들의 몸에 들어가 우환질고를 생기게 하는 것이 아니다. 하나님이 우리에게 생기를 불어넣으셔서 갖게 된 생령은 하나님과의 친밀한 교제를 위해 주신 것이다. 즉, 생령은 우리가 영이신 하나님을 예배하고, 하나님의 마음을 알고, 하나님의 음성을 들으며, 하나님과 친밀한 사랑을 나누고자 주신 것이다.

둘째, 생령으로 우리는 하나님의 성품을 갖게 되었다. 하나님이 인간을 당신의 형상을 따라 지으신 것은 하나님의 성품을 우리 안에 갖게 하셨음을 뜻한다. 하나님이 아담의 코에 생기를 불어넣으실 때 생명 외에 하나님의 인격과 성품도 함께 들어왔음을 알아야 한다. 이것은 인간이 영적, 지적, 도덕적인 인격체로 창조되었다는 것을 말한다. 사도 바울은 에베소 교회를 향한 편지에서 이렇게 이야기한다.

"하나님을 따라 의와 진리의 거룩함으로 지으심을 받은 새 사람을 입으라"(엡 4:24).

"의와 진리와 거룩함"은 하나님의 대표적인 성품이다. 하나님은 우리의 마음속에 이런 성품을 불어넣으셨다. 우리가 죄를 지으면 심장이 빨리 뛰고 양심의 가책을 느끼는 것은 바로 이러한 하나님의 성품 때문이다. 하나님의 형상대로 지음 받은 사람에게는 의롭고 거룩하게 진리를 따라 살기를 원하는 하나님의 성품이 있다. 왜냐하면 하나님이 당신의 의와 진리와 거룩함의 성품을 우리 안에 불어넣으셨기 때문이다.

잃어버린 하나님의 형상

문제는 우리가 하나님의 형상을 잃어버린다는 데 있다. 그때가 언제인가? 범죄하여 타락할 때, 하나님의 말씀을 따르지 않고 죄를 지을 때이다. 바로 그때 하나님의 형상을 잃어버린다. 하나님의 형상을 잃어버린다는 것, 그것이 무엇인지 더 깊게 살펴보자.

하나님의 형상을 잃어버린다는 것은 먼저 영의 죽음을 의미한다.

"선악을 알게 하는 나무의 열매는 먹지 말라 네가 먹는 날에
는 반드시 죽으리라 하시니라"(창 2:17).

하나님은 인류의 시조인 아담에게 "모든 열매를 다 먹을 수 있
지만 선악을 알게 하는 나무의 실과는 먹지 말라"고 말씀하셨다.
그리고 만일 선악과를 먹으면 "반드시 죽으리라"고 말씀하셨다.
그러나 아담은 "그것을 먹는 날에는 너희 눈이 밝아져 하나님과
같이 될 수 있다"(창 3:5참조)는 사탄의 유혹에 넘어가 그만 선악과
를 먹고 말았다. 결국 아담과 하와는 죽음을 경험해야만 했다.

아담과 하와는 가장 먼저 영이 죽었다. 생령, 즉 살아 있는 영
이 죽은 것이다. '영이 죽었다'는 말은 '영이 없어졌다', '영이 사
라졌다'라는 뜻이 아니다. 하나님과의 영적인 단절을 말한다. 영
의 기능이 마비된 것이다. 영은 하나님을 알고, 하나님의 음성을
듣고, 하나님의 사랑을 느끼고, 하나님과 교제하는 기능을 한다.

하지만 영이 죽으면 하나님을 알지 못하고 성령님의 음성을
듣지 못하게 된다. 또한 예수 그리스도의 사랑을 경험하지 못하
게 된다. 결국 하나님이 창조하신 이 세상 속에 살면서도 하나님
을 보지 못하는 것이다. 안타깝게도 이렇게 아름다운 꽃과 우주
의 질서를 보면서도 주님의 섭리를 깨닫지 못한다.

우리가 하나님의 형상을 잃어버리면 원래 우리에게 주신 하
나님의 성품도 잃게 된다. 하나님이 우리 안에 불어넣으신 의와
진리와 거룩함이라는 하나님의 성품을 잃어버리는 것이다. 그래

서 하나님의 성품인 의와 진리와 거룩함을 따라 사는 것이 아니라 육체의 정욕을 따라 살아간다. 세상 속에서 육신의 정욕, 안목의 정욕, 이생의 자랑을 따라 살게 되는 것이다.

하나님이 주신 최초의 복

"하나님이 그들에게 복을 주시며"(창 1:28a).

하나님은 당신의 형상을 따라 우리 인간을 지으시고 가장 먼저 복을 주셨다. 그렇다면 하나님이 인간에게 주신 최초의 복은 무엇인가?

"하나님이 그들에게 이르시되 생육하고 번성하여 땅에 충만하라 땅을 정복하라 바다의 물고기와 하늘의 새와 땅에 움직이는 모든 생물을 다스리라"(창 1:28b).

아담과 하와는 에덴동산에서 정복하고 다스리는 자의 삶을 살았다. 하나님의 대리 통치자로서 짐승들의 이름을 지어 주고, 모든 피조물은 영화와 존귀의 관을 쓴 아담의 명령에 절대적으로 순종해야 했다.

그러나 아담과 하와는 범죄하고 타락하면서 하나님의 형상을 잃어버렸고, 그 결과 정복하고 다스리는 권세를 잃었다. 그리하여 하나님의 형상대로 지음을 받은 우리가 탐욕의 지배를 받으며 살아가고 있는 것이다. 정복하고 지배하며 살아야 할 우리가 돈의 지배를 받고 생명도 없는 더러운 우상을 숭배하며 살아가는 것이다. 돼지 머리를 앞에 놓고 고사를 지내고 대구 팔공산 갓바위와 같은 커다란 우상 앞에 엎드려 절하며 소원을 빈다. 도대체 왜 이런 일이 벌어지는가? 하나님의 형상을 잃어버렸기 때문이다.

하나님의 형상을 제대로 회복하라

그렇다면 어떻게 잃어버린 하나님의 형상을 회복할 수 있을까? 첫째, 새로운 생명으로 다시 태어나야 한다. 죄로 말미암아 죽은 영이 다시 하나님의 생명으로 거듭나야 한다. 그것은 예수를 믿고 영접하여 그 예수의 생명으로 다시 태어나는 것이다.

예수님은 생명이시다. 예수님 안에 있는 생명은 죄와 무관한 생명이고 죽음을 이긴 부활의 생명이다. 그러므로 우리가 길이요 진리요 생명이신 예수님을 영접하면 예수님의 그 생명으로 다시 태어나는 것이다. 그 결과, 내 안에 다시 생령, 즉 살아 있는 영을 갖게 된다. 그때 비로소 우리는 영이신 하나님과 교제할 수 있고 영이신 하나님을 예배할 수 있게 되는 것이다.

영이 살아 있는 자는 영이신 하나님을 예배하고 성령님이 교회에게 하시는 음성을 들을 수 있다. 예수님은 생수를 달라는 사마리아 여인에게 이렇게 말씀하셨다.

"하나님은 영이시니 예배하는 자가 영과 진리로 예배할지니라"(요 4:24).

둘째, 하나님의 형상을 회복하려면 하나님과 친밀한 사귐 가운데 살아야 한다. 아담과 하와는 에덴동산에서 쫓겨나기 전 하나님의 음성을 들으며 하나님과 친밀한 사귐 가운데 살았다. 그들처럼 우리도 일상 속에서 하나님의 음성을 들으며 하나님을 예배하며 하나님과의 친밀한 사귐 가운데 살아야 한다.

사귐은 사역보다 중요하다. 하지만 우리는 대부분 사역을 더 중요하게 생각한다. 그러나 주님은 사역보다 주님과의 사귐을 더 중요하게 여기신다. 예수님은 자신을 위하여 음식을 만들며 수고했던 마르다보다 당신 앞에 앉아서 말씀을 들었던 마리아를 더 칭찬하셨다. 결코 마르다의 행위가 나쁘다는 것이 아니다. 여기서 중요한 것은 수고와 사역보다 주님과의 사귐이 더 먼저라는 것이다.

예수님이 열두 제자를 부르실 때도 마찬가지였다. 그 첫 번째 목적은 사역이 아니었다.

"이에 열둘을 세우셨으니 이는 자기와 함께 있게 하시고 또 보내사 전도도 하며 귀신을 내쫓는 권능도 가지게 하려 하심이러라"(막 3:14-15).

예수님이 열두 제자를 불러 세우신 첫 번째 목적은 "자기와 함께

있게 하시기" 위해서였다. 전도가 먼저가 아니었다. 귀신을 내어
쫓는 권능도 아니었다. 제자들과의 친밀한 사귐이 가장 먼저였다.

반드시 기억하라. 사역이 먼저가 아니라 주님과의 친밀한 사
귐이 먼저이다. 사귐을 통해 생기를 공급받지 못하면 그 사역은
오래 갈 수 없고 열매도 맺을 수 없다. 그러므로 하나님의 형상
을 회복하려면 하나님과의 친밀한 사귐 가운데 살아야 한다.

마지막으로 하나님의 형상을 회복하는 방법은, 정복하며 다
스리는 자로 사는 것이다. 하나님은 왜 인간을 당신의 형상을 따
라 지으셨는가? 하나님의 대리 통치자로 정복하고 다스리며 살
아가게 하기 위해서였다.

> "땅을 정복하라, 바다의 물고기와 하늘의 새와 땅에 움직이
> 는 모든 생물을 다스리라 하시니라"(창 1:28b).

그러므로 예수님을 믿고 하나님의 자녀 된 우리는 이 땅을 정
복하고 모든 피조 세계를 다스리는 자로 살아야 한다. 이것은 무
자비하게 착취하고 파괴하고 빼앗으라는 말이 아니다. 땅 끝까
지 복음을 증거하여 하나님 나라가 온 땅에 확장되게 하라는 것
이다. 곧 십자가의 사랑으로 미움을 정복하고 빛으로 어둠의 권
세를 이겨내라는 것이다.

'정복하라'는 말은 사랑과 섬김으로 빛의 복음, 생명의 복음을
전하여 어둠의 권세에 묶여 있고 죄와 죽음의 법 아래 매여 있

는 자들을 자유케 하라는 뜻이다. 그래서 모든 사람이 하나님의 통치를 받으며 참된 자유와 행복을 누리며 살게 하라는 것이다.

그러므로 미움을 미움으로, 분노를 분노로 갚는 것은 하나님의 형상을 회복하는 것이 아니다. 하나님의 형상을 회복하는 것은 단순히 복수하는 것이 아니라 사랑과 섬김으로 생명의 복음, 빛의 복음을 전하여 이 땅 가운데 하나님 나라를 확장시키는 것이다. 이 땅을 하나님의 것으로 다시 세우는 것이다.

또한 우리는 다스리는 자로 살아야 한다. 우리는 죄인으로 살아갈 수밖에 없는 인생이지만 예수님을 믿고 거듭나는 순간 하나님의 형상이 회복되었다. 그리고 영적으로 예수님의 보좌에 함께 앉게 되었다.

"또 함께 일으키사 그리스도 예수 안에서 함께 하늘에 앉히시니"(엡 2:6).

그렇다. 우리는 그리스도와 함께 죽고 그리스도와 함께 살아나 그리스도와 함께 하늘에 앉은 자들이다. 우리가 예수님과 함께 그 보좌에 앉아 있다는 것은 우리가 다스리는 자로 부르심을 입었고 다스림의 권세가 우리에게 주어졌음을 말한다. 예수님은 이 땅에서 공생애 사역을 하시며 어둠의 권세를 다스리고 죽음과 풍랑과 질병을 다스리셨다. 마찬가지로 우리도 창조주이자 구원자 되시는 하나님의 권능을 신뢰하며 다스리는 자로 살아야 한다.

그러므로 우리는 죽음을 다스려야 한다. 죽음을 다스린다는 것은 죽음을 이긴 생명이 내 안에 있기에 죽음 앞에서도 두려워하지 않는 것이다. 우리의 인생은 출렁이는 풍랑과도 같다. 그러나 두려워 할 필요는 없다. 왜냐하면 인생의 풍랑을 잔잔케 하시는 주님이 우리와 함께하시기 때문이다.

우리는 모든 피조 세계도 다스려야 한다. 바로 이 땅의 우상들을 섬기지 않는 것이다. 아무리 답답해도 미신을 좇아 점집을 찾지 않고 관상을 보지 않으며 부적을 붙이지 않는 것이다. 우상 앞에 절하지 않고 돼지 머리를 앞에 두고 고사를 지내지 않는 것이다.

또한 물질도 다스려야 한다. 물질을 다스리지 못하면 탐욕이 나를 지배하게 된다. 아무리 경제적으로 어려워도 돈이 인생의 주인이 되는 삶을 살아서는 안 된다. 돈 때문에 신앙의 양심을 팔아서는 안 되는 것이다. 상황이 힘들고 믿음이 흔들릴 때도 인생의 주인이 주님이심을 고백하며 당당하게 살아야 한다.

우리는 하나님의 대사요, 왕 같은 제사장이다. 그러므로 믿음으로 담대하게 살아야 한다. 우리의 지친 영혼에 생기를 불어 넣어주고 하나님의 형상을 회복하는 길은 거듭난 생명으로 하나님과의 친밀한 사귐 가운데 사는 것이다. 이 땅에서 정복하며 다스리는 자로 사는 것이다. 이것을 기억하고 행하는 자에게 하나님은 분명 복을 내려 주실 것이다.

· · · · ·

많은 이들이
에덴동산을 낙원으로 착각한다.
그러나 그곳은 노동의 대가와
가치를 알게 하신
하나님의 거룩한 터이다.

믿음으로 경작한 삶은 거짓말하지 않는다

2

(창 2:8-9)

에덴동산은 하나님이 당신의 형상대로 지으신 인간이 거하며 살 수 있도록 친히 창설하신 곳이다. 그곳은 기쁨과 환희가 넘쳐 나는 울타리가 있는 하나님의 정원이요 동산이었다. 그런데 인류의 시조인 아담이 범죄하여 타락함으로 에덴동산에서 쫓겨나게 되었다. 그래서 아담의 후손으로 태어난 우리도 가시나무와 엉겅퀴가 무성하고 미움과 분노와 증오가 가득한 세상에서 살게 된 것이다.

하지만 우리는 예수님을 믿고 죄 사함을 얻어 하나님의 자녀가 되었다. 첫 사람 아담 때문에 잃어버린 에덴동산을 두 번째 아담인 예수 그리스도를 통하여 회복하게 된 것이다. 그러므로 예수 그리스도 안에 있는 우리는 이 땅에 사는 동안 잃어버린 에덴동산을 회복하는 자로 살아야 한다.

우리의 사명, 에덴동산을 경작하라

"여호와 하나님이 그 사람을 이끌어 에덴동산에 두어 그것을 경작하며 지키게 하시고"(창 2:15).

하나님은 에덴동산에 아담을 두어 그 땅을 경작하게 하셨다. 경작이란 땅을 갈아서 농사를 짓는 것이다. 하나님은 아담을 에덴동산에서 무위도식하며 살게 하지 않으셨다. 아담이 아무 일도 하지 않고 에덴동산의 각종 과일 나무의 열매만 먹고살도록 두지 않으신 것이다. 아담 스스로 농사를 지어 소출을 얻게 하셨다. 흥미롭게도 많은 사람이 에덴동산을 낙원으로 여긴다. 그래서 일할 필요 없이 빈둥빈둥 놀고먹는 세상으로 안다. 그러나 그곳은 분명 주님이 노동의 대가와 가치를 깨닫게 하신 곳이다. 모든 것이 하나님께로부터 난 것이며 하나님을 위해 존재한 것임을 알게 하는 곳이다.

에덴동산을 회복한다는 것은 에덴동산을 경작하는 것이다. 그렇다면 어떻게 경작하는 것이 에덴동산을 회복하는 삶인가?

첫째, 노동을 신성하게 여기는 것이다. 예로부터 사람들은 노동을 천하게 생각했다. 노동을 죄로 인해 주어진 형벌이라고 생각했기 때문이다. 특히 정신적인 노동은 존경하면서도 육체적인 노동은 천한 것으로 생각한다. 그러나 노동은 인간의 타락 전부터 존재했다. 성경에 분명히 나와 있듯이 하나님은 아담이 타락하기 전에 이미 아담에게 그 땅을 경작하라고 하셨다. 그러므로 노동은 형벌이 아니라 신성한 것이다.

헬라의 철학자 플라톤(Platon)과 로마의 철학자 시세로(Marcus Tullius Cicero)도 "육체노동은 종들이나 하는 것이다"라고 했다. 특히 우리나라 사람들은 유교의 영향을 받아 육체노동 자체를 천하게 여겨왔다. 그래서 많이 배우지 못할수록 고된 일을 많이 하고, 천한 사람일수록 천한 일을 많이 한다는 부정적인 생각을 가지고 있다.

이를 대변하는 일화가 있다. 조선 말기에 선교사님 두 분이 공터에 테니스장을 만들고 땀을 흘리며 운동을 하고 있는데 황실의 높은 분이 지나가다가 그 모습을 보고 이렇게 말했다고 한다.

"선교사님들, 왜 그렇게 땀을 뻘뻘 흘리며 고생을 하십니까? 아랫것들을 시켜 하시지요."

힘들고 천한 일은 아랫것들에게 시키라는 것이다. 실제로 그 시대의 양반들은 신선놀음을 하면서 지냈다. 사실 지금도 별반 다르지 않다. 공장에서 작업복을 입고 일하는 사람을 '공돌이', '공순이'라고 부른다. 일자리가 없어 청년실업이 국가적으로 큰 문제인데 중소기업을 운영하는 이들은 심각한 인력난을 겪고 있다고 한다. 3D 업종과 관련된 일은 누구도 하려고 하지 않기 때문이다. 그래서 환경과 대우가 열악한 3D 업종은 대부분 외국인 근로자들이 감당하고 있다. 이처럼 예나 지금이나 사람들은 노동, 일 그 자체를 천하게 여기는 경향이 있다.

그러나 기독교 가치관을 가지고 있는 서구에서는 노동을 천하게 생각하지 않았다. 많은 사람에게 감동을 주는 작품 중에 장 프랑수아 밀레(Jean Francois Millet)가 그린 '만종'이라는 명화가 있다. 이 그림의 원제는 라틴어로 '안젤루스'(L'Angélus)인데, '삼종기도'(三鐘祈禱)라고도 한다. "종을 세 번 친다"라는 뜻으로, 하루 세 번 종소리가 울릴 때마다 봉송의 기도를 드린 데서 유래한 것이다.

어떤 이는 이 그림을 하루 일과를 마치고 드리는 감사 기도의 모습이 아니라, 아기를 땅에 묻고 기도하는 부부의 모습이라고 주장하기도 한다. 그러나 보편적인 시각에서 '만종'은 농부가 교회의 종소리에 일손을 멈추고 경건한 모습으로 기도하는 그림이라는 해석이 많다. 〈국민일보〉에 실린 한 기사에서는 태양광선이 농부의 머리나 종탑이 아니라 농기구를 비추고 있다고 언급한다. 그러면서 밀레의 '만종'은 우리에게 행복한 삶의 길을 제시해 주는데, 그 행복의 재료는 '가족, 노동, 기도'라고 전했다. 밀레가 노동을 얼마나 신성하게 여기는지 알 수 있는 대목이다.

다시 말하지만 노동은 형벌이 아니다. 땀 흘려 일하는 노동은 죄의 결과가 아닌 신성한 권리와 의무이자 축복이다. 그래서 하나님도 엿새 동안 천지를 창조하셨고, 예수님도 "아버지께서 일하시니 나도 일한다"(요 5:17)라고 말씀하셨다. 사도 바울은 "누구든지 일하기 싫어하거든 먹지도 말라"(살후 3:10)며 단호하게 말했고, 그 말에 책임을 다하여 그 역시 천막 만드는 일을 하며 선교 활동을 했다.

직업에는 귀천이 없다. 내가 하는 그 일이 죄를 조장하고 불의를 행하는 것이 아니라면 그 어떤 직업도 천하지 않다. 그러므로 노동을 신성한 것으로 여겨야 한다. 에덴동산을 회복하는 것은, 곧 노동에 대한 생각을 바꾸는 것이다.

기쁨으로 맡겨진 일을 감당하라

에덴동산을 회복하기 위한 둘째 방법은, 기쁨으로 일하는 것이다. 아담은 하나님이 자신을 에덴동산에 두시며 그 땅을 경작하게 하셨을 때 어떻게 반응했는가? 불평과 원망과 온갖 짜증을 내면서 땅을 파서 씨를 심고 나무를 심었을까?

'먹을 것도 많은데 내가 꼭 이 일을 해야 하나?', '하나님은 나를 일이나 시키려고 만드신 거야?', '일은 짐승들에게나 시키고 나는 다스리는 자로 감독이나 하면 되는 것 아니야?'

아담은 그렇게 반응하지 않았다. 하나님의 명령에 즐거이 순종하며 일했다. 왜냐하면 경작하는 일은 먹고사는 문제를 해결하기 위한 단순한 생존 수단이 아니었기 때문이다. 그것은 하나님의 대리 통치자로 이 땅을 정복하며 다스리는 일이었다.

그런데 오늘 우리는 어떠한가? 가족의 생계를 책임지는 고단

한 가장의 어깨를 보라. 아이를 낳고도 일터에 내몰리는 어머니들을 보라. 휴학하고 등록금을 벌기 위해 파트타임을 구해 땀과 눈물을 흘리는 청춘들을 보라. 저마다 목구멍이 포도청이라 일을 하지 않으면 당장 먹고살 수 없기 때문에 어쩔 수 없이 일을 한다. 하지만 이것은 하나님의 뜻이 아니다. 하나님은 먹고살기 위한 생존 수단으로 노동을 허락하지 않으셨다. 인간이 범죄하여 타락하면서 노동의 목적이 생존 수단으로 바뀌어버린 것이다. 즉 저주를 받은 것이다.

아담이 하나님과의 언약을 어기고 선악과를 따 먹었을 때 하나님은 아담에게 이렇게 말씀하셨다.

"땅은 너로 말미암아 저주를 받고 너는 네 평생에 수고하여야 그 소산을 먹으리라"(창 3:17b).

결국 아담의 타락으로 인간은 평생에 수고해야 그 소산을 먹을 수 있게 되었다.

"네가 흙으로 돌아갈 때까지 얼굴에 땀을 흘려야 먹을 것을 먹으리니"(창 3:19a).

인간은 땀 흘려 일하지 않으면 굶어 죽는다. 인간의 타락은 노동을 즐거움이 아닌 괴로움으로 만들었다. 이것이 에덴동산을 잃어버린 우리의 모습이다. 온갖 부귀와 영화를 누렸던 솔로몬은 "사람이 자기 일에 즐거워하는 것보다 더 나은 것이 없다"(전 3:22a 참조)라고 말했다.

솔로몬이 어떤 사람인가? 세상에서 가장 뛰어난 지혜를 가졌던 사람이다. 이 땅에 존재했던 사람들 중에 가장 많은 부귀와 영화를 누렸던 사람이다. 그런 그가 세상의 모든 일 중 가장 즐거운 것을 바로 자기 일에 즐거워하는 것이라고 말한 것이다.

이런 말이 있다. "일을 잘하는 사람은 좋아하는 사람만 못 하고, 일을 좋아하는 사람은 일을 즐기는 사람만 못 하다." 또한 《레 미제라블(Les Misérables)》로 잘 알려진 프랑스의 시인이자 소설가인 빅토르 위고(Victor Hugo)는 "노동은 생명이며 사상이며 광명이다"라고 했다.

그렇다. 일을 행하는 자로 소명을 받고 사명으로 감당해야 할 일이라면 그 일을 즐거움으로 해야 한다. 자신의 창조 목적이 드러나는 선한 일을 하면 즐거울 수밖에 없다. 그러나 자기를 부인하지 못하고 이 땅에서 쾌락을 추구하거나 아무 소망 없이 마지못해 일을 한다면 마음이 괴롭고 일의 능률도 현저히 낮을 수밖에 없다. 그런 면에서 에덴동산을 회복한다는 것은 지금 맡겨진 일을 사명으로 알고 감사한 마음으로 감당해야 한다. 그로 인해 하나님의 은혜가 선포되고 영광이 드러나기 때문이다.

일을 한다는 것은 땅을 파고 씨앗을 심고 채소를 가꾸는 농사일을 가리키는 것만이 아니다. 학생이 학생으로 최선을 다하여 공부하는 것, 의사가 환자를 검진하고 수술하는 것도 고결한 일이다. 장사를 하는 사람이 가게에서 물건을 사고 파는 것도 당연히 귀한 일이다.

2014년 7월 2일자 〈조선일보〉 경제면에 "출근할 곳 있다면 부러운 일, 아침에 눈뜨고 싶지 않아요"라는 헤드라인 기사가 실렸다. 한국의 10대 기업에 있다가 몰락한 재벌회장의 인터뷰 내용으로, 아침에 일어나도 출근할 곳이 없어서 눈을 뜨고 싶지 않다는 내용이었다.

미국이나 캐나다에 가 본 사람들은 알겠지만 그곳에는 인디언이 집단으로 거주하는 지역이 있다. 그중 미국 유타 주 남부에서 애리조나 주 북부에 걸쳐 있는 모뉴먼트 밸리(Monument Valley)의 근처에 있는 '나바호 인디언 자치구역'이 가장 유명하다. 대부분의 인디언은 자치구역 내에서 정부의 혜택을 받으며 살아간다. 아이들 역시 장학금으로 학교를 다닌다. 그런데 일하지 않고도 살 수 있다 보니 마약이나 알코올에 중독되어 인생을 망친 사람들이 많다. 이처럼 겉으로는 일하지 않고 평화롭고 여유로워 보이지만 노동이 사라진 땅과 사회는 결코 축복이 아닌 저주이다.

그러므로 출근할 수 있는 직장이 있고 일을 할 수 있는 일터가 있다면 기뻐하며 감사해야 한다. 그것이 곧 내가 살아 있음을 확인시켜 주며 사회적 인간으로서 존재성을 알려주기 때문이다. 마찬가지로 그리스도의 복음을 알고 그것을 믿으며 따르는 교회 공동체에서도 성경암송을 할 때, 제자훈련이나 사역훈련을 받을 때, 소그룹 모임에 참여할 때 기쁨과 즐거움으로 해야 한다. 무슨 일을 하든지 그렇게 해야 한다. 아니, 그럴 수밖에 없다. 그 감정의 원천이 하나님이시기 때문이다.

하나님의 영광을 위하여 일하라

에덴동산을 회복하는 셋째 방법은, 하나님의 영광을 위하여 일하는 것이다. 하나님은 에덴동산을 만드신 다음 아담을 그곳으로 이끌어 주시고 그에게 사명을 주셨다. 그 사명이 무엇인가? "경작하라!" 바로 땅을 파고 갈아 씨를 뿌리고 나무를 심어 소출을 내라는 것이다.

> "땅을 갈 사람도 없었으므로 들에는 초목이 아직 없었고 밭에는 채소가 나지 아니했으며"(창 2:5b).

그런데 땅을 갈 사람이 없다. 경작할 사람이 없어 초목이 아직 없었고 채소가 나지 아니했다고 한다. 하나님의 사람인 우리에게 일은 곧 사명이다. 그 일이 의미 있고 거룩한 일이 되려면 분명한 목적이 있어야 한다. 열심히 일만 한다고 에덴동산을 회복하는 것이 아니다. 그 일을 왜 해야 하는지, 분명한 이유를 알아야 한다.

성경에서는 일하는 것 그 자체를 귀하게 여긴다. 그러나 일하는 것 그 자체에 목적이 있다고 하지는 않는다. 인간의 어떤 행위도 행위 자체에 의미가 있지는 않다. 우리가 하는 모든 행위는 우리 존재의 근본 목적과 관련 있을 때 비로소 의미가 있다. 그리고 여기서 말하는 목적은 하나님의 영광이다.

그래서 사도 바울은 우리의 존재의 이유와 목적에 대해 분명하게 언급한다.

> "그런즉 너희가 먹든지 마시든지 무엇을 하든지 다 하나님의 영광을 위하여 하라"(고전 10:31).

하나님의 사람인 우리는 먹고사는 수단을 뛰어넘어 하나님의 영광을 위하여 주님이 명하신 일을 해야 한다. 사람들은 흔히 하나님의 영광을 떠올리면 크고 대단한 것으로 생각한다. 연예인이 시상식에서 상을 받으면서 "모든 영광을 하나님께 돌립니다"라고 말하거나 병으로 죽게 된 상황에서 고침을 받는 기적 같은 일이 일어나는 것으로만 생각하는 것이다. 그러나 바울은 우리의 먹고 마시는 것, 즉 평범한 일상에서 하나님의 영광을 위하여 살라고 말한다.

무슨 일이든지 주께 하듯 하라

> "무슨 일을 하든지 마음을 다하여 주께 하듯 하고 사람에게 하듯 하지 말라"(골 3:23).

또 바울은 "무슨 일을 하든지"라고 한다. 교회 안에서 행하는 일뿐만 아니라 교회 밖에서 행하는 일도 마음을 다하여 주께 하듯 하라고 주장하는 것이다. 그러므로 직장에서 일을 할 때도, 아파트 경비원으로 일을 할 때도, 파출부로 온종일 남의 집 청소를 할 때도, 교사로 가르칠 때도, 간호사로 환자를 대할 때도, 장사를 할 때도 무슨 일을 하든지 마음을 다하여 주께 하듯 해야 한다는 것이다.

테레사(Teresa) 수녀는 "하나님 앞에서는 그 어떤 것도 사소하지 않다"라고 말했다. 사람의 눈에는 크게 보이거나 작게 보이는 것이 있지만 하나님이 보실 때는 차이가 없다는 것이다. 그래서 예수님은 지극히 작은 자 하나에게 한 것이 바로 예수님 자신에게 한 것이라고 말씀하셨고, 어린아이에게 냉수 한 그릇 대접하는 것도 결코 잊지 않으시겠다고 말씀하셨다.

여기서 중요한 것은 "마음을 다하여 주께 하듯 하라"는 것이다. 사실 이 말은 종과 주인의 관계에 대해 말하면서 한 말이다. 관계에서 가장 중요한 것은 마음이다. 사람을 변화시키는 것은 제도와 조직이 아니라 상대를 생각하는 마음인 것이다. 마음이 움직여야 제대로 변한다. 예수님은 이 땅에 사시는 동안 한 번도 노예제도를 폐지하라고 말씀하지 않으셨다. 무력으로 로마를 정복하라고 하지 않으셨다.

대신 낮고 천한 자들을 마음을 다해 사랑하셨다. 손가락질을 받으면서도 세리와 창기들의 친구가 되어 주셨다. 진심으로 그들의 눈물을 닦아 주시고 그들의 아픔을 안아 주셨다. 그러자 그들이 변화되었다. 돈을 인생의 전부로 알던 삭개오가 어떻게 변화되었는가? 세관에 앉아 세금을 징수하던 마태가 어떻게 변화되었는가? 동네 사람들을 피하여 숨어 지내던 사마리아 여인이 어떻게 변화되었는가? 놀랍게도 모두 예수님의 제자가 되었고 예수님을 전하는 자들이 되었다.

이처럼 제도와 조직만 가지고는 진정으로 사람을 변화시킬 수 없다. 엄격한 윤리강령을 만들어 시행해도 그것만으로는 근본적으로 변하지 않는다. 중요한 것은 마음이다. 따뜻한 마음, 함께하는 마음, 이해하는 마음, 주께 하듯 하는 마음, 바로 그 마음이 사람을 변화시킬 수 있다.

우리의 모든 관계의 중심에 하나님이 계셔야 한다. 우리가 행하는 모든 일의 중심에 예수 그리스도가 계셔야 한다. 기억하라. 어디서 무엇을 하든지 하나님께 초점을 맞추고 하나님께 하듯 해야 한다. 우리를 지켜보시는 하나님의 눈을 의식해야 한다. 그러면서 무엇을 하든지 마음을 다해야 한다.

일뿐만이 아니다. 오랫동안 서서 예배 안내를 할 때도, 추운 날 주차 봉사를 할 때도, 푹푹 찌는 주방에서 식사 봉사를 할 때도, 주일학교 교사로 학생들을 가르칠 때도 마음을 다하여 주께 하듯 해야 한다.

세상은 우리가 어떻게 믿는지를 보기보다 어떻게 사는지에 주목한다. 청교도들은 못을 하나 박을 때에도 주님의 영광을 생각하면서 박았다고 한다. 우리가 그렇게 살아갈 때 세상은 더 아름다워지고, 우리의 가정은 더 행복해질 것이다. 그리고 우리 하나님이 온전히 영광을 받으실 것이다. 모든 일을 마음을 다하여 주께 하듯 하면서 하나님께 영광을 돌리며 살아가라. 그것이 바로 에덴동산을 회복하는 것이다. 지친 우리 영혼을 회복시키는 것이다.

. . . . .

우리의 마음과 생각을 지키는
가장 탁월한 방법은
우리의 주인 되신
하나님의 뜻을 구하는 것이다.
우리는 몸이요,
하나님은 우리의 머리이시다.

하나님의 뜻에
나의 생각을 맞추라

우리 교회에서 가장 은혜가 넘치는 시간은 금요철야 기도회
이다. 이때 성도들은 하나님 앞에 자신의 모든 어려움과 비밀을
털어놓으며 성령의 인도하심을 구한다. 안수 기도를 받기 위해
올라오는 사람들의 기도 제목을 보면 세상 사람들에게 욕먹고
비난받고 무시당한 내용들이 수두룩하다.

그러나 그들은 주님 앞에 모두 고백한다. 세상 그 어느 누구도
들어 주지 않고 위로해 주지 않고 자기 편이 되어 주지 않았던
것들을 하나님께 끄집어내어 다 털어 놓는다. 하나님만이 나의
구원자이시며 선하심과 인자하심으로 나의 길을 예비하실 분이
라는 것을 믿기 때문이다. 그렇다. 오직 주님만이 어둠에 밝은

빛을 비춰주시며, 우리의 작은 신음에도 응답해 주시는 유일한 분이시다. 그 사실을 알기에 오늘도 기도의 자리, 회개의 자리로 나오는 것이다. 이것만이 신앙을 굳게 지키고 하나님과의 관계를 지속적으로 거룩하게 유지하는 유일한 방법임을 알기 때문이다.

이렇게 자신의 죄를 통렬하게 회개하고 어려움을 간구하며 오직 주의 은혜만을 구하는 모습을 보면 꼭 이곳이 하나님 나라인 것 같다. 그래서 나는 참 기쁘다. 기독교가 공격당할 때가 많지만 아직도 하나님이 우리의 마음과 생각과 교회 공동체를 에덴동산처럼 지켜주고 계시기 때문이다.

에덴동산의 처음을 기억하라

그렇다면 에덴동산을 지킨다는 것은 무슨 의미인가? 어떻게 사는 것이 에덴동산을 지키는 삶인가?

첫째, 에덴동산을 보존하는 것이다. 하나님이 에덴동산을 친히 만드시고 아담을 이끌어 거기 두신 것은 에덴동산을 지키게 하기 위해서이다. 여기서 '지킨다'(שמר)라는 말의 히브리 단어는 '살피다', '보존하다', '주관하다' 등의 뜻을 가진다. 에덴동산을 지키는 것은 하나님이 창조하신 자연 만물 위에 군림하는 것이 아니라 애정을 가지고 잘 살피며 보존하는 것을 말한다.

그런데 타락한 인간은 하나님이 창조하신 자연을 무분별하게 훼손하고 파괴했다. 썩지 않는 폐기물로 땅을 더럽히고 폐수를 배출하여 강과 바다를 생명이 살 수 없도록 오염시켰다. 그 결과, 온실가스와 이산화탄소가 증가했고 온난화 현상이 나타나 지구가 몸살을 앓고 있다. 오존층이 파괴되고 사막화 현상이 일어나는 등 기상이변이 여기저기서 속출하고 있다.

2015년 12월 성탄절, 서구에서는 화이트 크리스마스를 기대했지만 이상 고온 현상으로 초여름 같은 날씨가 나타나는 웃지 못할 일이 벌어졌다. 이상 기온으로 뉴욕 시민들은 두툼한 겨울 코트 대신 반소매 셔츠와 반바지 등 가벼운 옷차림으로 연말 쇼핑을 즐겼고, 심지어 대서양 앞바다에서 파도타기를 즐기는 사람들도 있었다. 중국, 이탈리아, 인도 등지에서는 한치 앞도 보기 힘든 스모그가 하늘을 뒤덮었다. 남미에서는 50년 만에 최악의 물난리가 났다. 비슷한 시기에 우리나라는 계속되는 한파로 고통을 겪어야 했다. 북극의 온도가 높아져 제트기류가 힘을 잃으면서 찬 공기가 내려왔기 때문이다.

과학자들은 온실가스 배출량을 줄이지 않고 지금과 같이 산업화와 경제개발을 계속 전개하면 머지않아 생태계가 파괴되어 전 인류가 자멸할 수밖에 없다고 말한다. 어떤 학자는 이대로 가면 지구의 수명은 40년밖에 남지 않았다고 주장하기도 한다. 최근 일어나는 전 세계 재해를 살펴보면 이렇게 과격한 의견이 나오는 것도 큰 무리는 아닌 것 같다.

그래서 1972년 6월 스웨덴 스톡홀름에서 '유엔인간환경회의'가 열려 '세계 환경의 날'을 제정했고, 그해 유엔 총회에서 그것이 채택되었다. 또한 1969년 미국 캘리포니아 해상 기름 유출 사고를 계기로 환경문제의 심각성을 알리고자 순수 민간 운동이 시작되어 매년 4월 22일을 '지구의 날'로 정해 지키고 있다. 이렇게 하나님이 창조하신 자연을 잘 살피고 아름답게 보존하려는 노력은 선한 것이다.

그런데 에덴동산을 지키는 것은 단순히 눈에 보이는 자연을 아름답게 보존하는 것만은 아니다. 하나님의 창조 질서를 지켜야 하는 것이다. 하나님은 세상을 창조하신 것만이 아니라 이 세상을 유지하고 보존하기 위해 창조 질서를 세워 놓으셨다. 그런데 최근 과학이 발달하면서 타락한 죄성을 가진 인간이 그것을 선용하지 않고 하나님이 세워 놓으신 창조 질서를 무너뜨리고 있다.

예를 들어 체세포 복제를 통해 우량 인간을 대량으로 복제화하려는 것이 그러하다. 생명은 본래 정자와 난자를 통해 만들어진다. 그것이 창조 질서이다. 반면 체세포 복제는 현존하는 생명의 몸에서 세포를 떼어내어 이를 착상시키는 기술이다. 이는 난자와 정자가 결합하는 수정 없이도 생명을 탄생시킬 수 있음을 의미한다. 난자만 있다면 손톱이나 귀, 머리카락 등 몸에서 떨어진 세포 하나로도 자신과 유전형질이 똑같은 복제 인간을 만들수 있다는 것이다. 만일 이것이 현실화되면 지구상에는 영혼 없는 인간들로 인해 상상할 수 없는 일이 일어나고 말 것이다.

창조 질서를 파괴하는 또 하나는 바로 동성연애와 동성결혼이다. 하나님은 분명히 남자와 여자를 창조하여 둘이 한 몸이 되게 하셨다. 그럼에도 유럽과 미국을 비롯한 여러 나라에서 동성결혼을 합법화하고 그것을 반대하는 사람들을 처벌하고 있다. 그런데 동성연애자들은 거짓, 위선, 간음, 탐욕, 교만과 같은 죄도 있는데, 유독 동성연애만 더 큰 죄로 여기는 것을 억울해하며 항변한다. 맞다. 동성연애와 동성결혼이 죄인 것처럼 거짓, 간음, 탐욕 역시 죄이다. 그러나 하나님은 모든 죄인을 사랑하시기에 동성연애자들도 사랑하신다. 하지만 분명한 것은 동성연애와 동성결혼이 창조 질서를 깨뜨리고 파괴하는 죄라는 사실이다.

실제로 동성연애 때문에 에이즈(AIDS) 환자가 얼마나 많이 발생하는지 아는가? 2014년 우리나라에서 발생한 에이즈 확진 환자 수는 1,191명이다. 그리고 에이즈 감염의 주원인은 남자 동성애로 알려져 있다. 이대로 가면 10~20년 후에는 에이즈 환자가 20~30만 명을 초월할 것이라는 관측도 있다. 또한 동성 커플은 오래 가지 못하고 쉽게 헤어진다고 한다. 통계를 보면 12년 이상 된 커플이 5%이고, 20년 이상 된 커플은 5%에 불과하다고 한다.

동성연애자들은 자신의 죄를 인정하고 회개하여 원래 자리로 돌아와야 한다. 동성연애자로 살다가 치유받은 사람들은 한결같이 동성연애자로 사는 것보다 동성연애에서 벗어나 회복하는 것이 훨씬 쉽다고 말한다. 참된 인권은 그들을 동성연애로부터

자유하게 하는 것이다. 그러므로 교회는 그들을 정죄하기 이전
에 하나님의 사랑으로 긍휼히 여기고 그들을 위해 기도해주며
치료받고 회복될 수 있도록 도와주어야 한다.

마음과 생각을 온전히 지키라

에덴동산을 지키는 둘째 방법은, 마음과 생각을 지키는 것이
다. 하나님이 창조하신 에덴동산은 기쁨과 환희가 넘쳐나는 하
나님의 정원이었지만 완전한 곳은 아니었다. 우리가 잘 아는 것
처럼 생명나무뿐 아니라 선악을 알게 하는 나무도 있었다. 또 하
나님의 임재뿐 아니라 사탄도 있었다. 기쁨뿐 아니라 유혹도 있
었던 것이다.

이러한 환경에서 아담과 하와는 사탄의 유혹을 이겨내기 위
해서 마음과 생각을 지켜야만 했다. 완전한 자유의지를 가지
고 있었기에 사탄의 유혹을 물리치고 에덴동산을 지켜야 했던
것이다. 그러나 아담과 하와는 사탄의 유혹에 걸려 넘어지고
말았다.

"너희가 그것을 먹는 날에는 너희 눈이 밝아져 하나님과 같
이 되어 선악을 알 줄 하나님이 아심이니라"(창 3:5).

사탄은 아담에게 이것을 먹으면 눈이 밝아져 하나님과 같이
될 수 있다는 생각을 심어 주었다. 아담은 자신의 생각 곧 마음

을 지키지 못하고 사탄의 유혹에 넘어갔다. 생각이 바뀌고 나니 선악과가 먹음직도 하고 보암직도 하며 지혜롭게 할 만큼 탐스럽게 보였다.

> "여자가 그 나무를 본즉 먹음직도 하고 보암직도 하고 지혜롭게 할 만큼 탐스럽기도 한 나무인지라"(창 3:6a).

참 이상하다. 다른 날은 에덴동산의 중앙에 있는 선악과를 보아도 먹고 싶은 생각이 들지 않았다. 도리어 그 나무를 볼 때마다 하나님의 사랑이 느껴지고 감사가 저절로 나왔다. 그런데 사탄이 주는 생각을 받아들이고 나니 선악과가 먹음직하고 보암직하고 지혜롭게 할 만큼 탐스럽게 보인 것이다. 그래서 결국 그 선악과를 따 먹고 말았다. 생각은 이렇게 중요하다.

에덴동산에서 아담을 향하던 사탄의 전략은 지금도 계속되고 있다. 예를 들어 어떤 모임에 참석했는데, 누군가에게 교회와 목회자에 대한 부정적인 이야기를 듣게 되었다. 그러면 그 순간부터 그 목회자가 선포하는 하나님의 말씀은 들리지 않고 은혜가 되지 않는다. 부정적인 말을 나의 생각이 받아들였기 때문이다.

만일 사탄이 아담과 하와에게 나타나 "네가 이것을 먹으면 눈이 밝아져 하나님과 같이 될 수 있다"라고 유혹했을 때, 이렇게 반응했다면 어떻게 되었을까?

"말도 안 돼. 하나님이 이것을 먹으면 반드시 죽으리라고 말씀하셨어. 그러니까 나는 절대로 선악과를 먹지 않을 거야. 내게서 떠나가라!"

이렇게 하나님의 말씀으로 유혹을 물리쳤다면, 아담은 선악과를 따 먹지 않고 에덴동산을 지킬 수 있었을 것이다. 그러나 아담은 하나님과의 언약을 어기고 말았다. 이런 장면을 두고 정신과 의사인 스코트 펙(M. Scott Peck)은 원죄의 뿌리를 '생각의 게으름'으로 보았다. 유혹을 이기지 못한 것은 결국 생각을 훈련하지 않았다는 방증이라는 것이다. 더 깊고 넓게 사유하고 본질을 헤아려 전체 그림을 그린다면 얼마든지 유혹을 이길 수 있다. 그리고 그 생각의 시작은 하나님의 말씀이어야 한다.

사실 마음과 생각은 두부 자르듯이 쉽게 분리할 수 없다. 사전적인 의미로 마음은 '사람이 다른 사람이나 사물에 대하여 감정이나 의지, 생각 따위를 느끼거나 일으키는 작용이나 태도'이다. 생각은 '사람이 머리를 써서 사물을 헤아리고 판단하는 작용'이라는 뜻이다. 굳이 구분하면 마음은 조금 더 감정적인 면이 부각되고, 생각은 의지적인 면이 부각되는 것이다.

성경을 보면 생각을 지키지 못하여 마귀의 유혹에 넘어진 사람들이 많이 나온다. 대표적으로 가룟 유다가 그렇다.

"마귀가 벌써 시몬의 아들 가룟 유다의 마음에 예수를 팔려는 생각을 넣었더라"(요 13:2).

마귀가 가룟 유다의 마음에 예수님을 팔려는 생각을 넣었다. 사실상 우리에게도 충분히 일어날 수 있는 일이다. 아니, 지금도 빈번하게 일어나고 있다. 마귀는 우리의 생각에 파고들어 역사하려고 끊임없이 예수님에 대한 우리의 믿음을 흩뜨리려 한다. 마귀가 그리스도인을 넘어뜨릴 때 가장 먼저 하는 일은 바로 사고를 점령하는 것이다.

우리 삶에서 가장 치열한 영적전쟁이 일어나는 곳이 어디인가? 바로 마음과 생각이다. 사탄은 마음과 생각이 그 사람의 인격과 삶과 행동을 지배한다는 것을 너무나 잘 알고 있다. 좋은 생각을 하면 좋은 행동이 나오고 나쁜 마음을 가지면 악한 행동이 나온다. 그만큼 마음과 생각은 중요한 것이다.

그래서 사탄은 복음을 받아들이지 못하도록 사람의 마음을 혼미케 한다. 또한 평범한 일들을 아주 심각하고 복잡하게 생각하게 한다. 어떤 이들은 실제로 일어나지 않는 문제를 가지고 두려워하며 염려한다. 심지어 그것 때문에 밤새도록 고민한다. 하지만 그렇게 밤 새워 고민해도 문제는 전혀 해결되지 않는다. 템플 감독은 "당신의 생각을 당신의 감옥으로 만들지 말라"고 말했다.

부정적인 생각을 멀리하라

성경에는 생각을 지키지 못하여 망한 사람들이 가룟 유다 외에도 여럿이 나온다. 익히 알려진 열두 명의 정탐꾼이 그렇다. 그들은 40일 동안 가나안 땅을 정탐하고 돌아와 보고를 했다.

그때 사탄은 여호수아와 갈렙 두 사람을 제외한 정탐꾼 열 명에게 부정적인 생각을 갖게 했다. 살아서 역사하시는 하나님의 능력이 아니라 그들의 환경과 처지만 보게 한 것이다.

정탐꾼 열 명은 "우리는 메뚜기와 같다"라고 말했다. 또 "능히 올라가서 그들을 치지 못하리라"며 부정적으로 보고했다. 그러나 여호수아와 갈렙은 이렇게 외쳤다. "우리가 올라가서 그 땅을 취하자 능히 이기리라 그 땅은 하나님이 우리에게 약속하신 땅이다. 그 땅 백성을 두려워하지 말라 그들은 우리의 먹이라"고 했다. 여호수아와 갈렙에게 여호와 하나님에 대한 확고한 믿음이 있었기에 사탄이 주는 악한 생각이 틈타지 못했던 것이다.

하지만 다른 정탐꾼 열 명은 사탄이 가져다준 부정적인 생각을 받아들였다. 이스라엘 백성 역시 마찬가지였다. 그래서 온 회중이 소리 높여 부르짖으며 통곡했다.

"이스라엘 자손이 다 모세와 아론을 원망하며 온 회중이 그들에게 이르되 우리가 애굽 땅에서 죽었거나 이 광야에서 죽었으면 좋았을 것을"(민 14:2).

그들은 이렇게 말하며 애굽으로 돌아가자고 했다. 하나님은 그들의 원망하는 말을 다 들으셨다.

"이스라엘 자손이 나를 향하여 원망하는 바 그 원망하는 말
을 내가 들었노라"(민 14:27b).

"너희 말이 내 귀에 들린 대로 내가 너희에게 행하리니 너희
시체가 이 광야에 엎드러질 것이라"(민 14:28b-29a).

마음을 지키지 못하고 부정적인 생각을 받아들여 하나님을 원
망하며 불평했던 그들은 자신들의 입에서 나오는 말대로 40년
동안 방황하다가 죽임을 당했다. 잠언 기자는 이렇게 말한다.

"모든 지킬 만한 것 중에 더욱 네 마음을 지키라 생명의 근
원이 이에서 남이니라"(잠 4:23).

우리 인간은 생각의 결정체이다.

"땅이여 들으라 내가 이 백성에게 재앙을 내리리니 이것이
그들의 생각의 결과라"(렘 6:19).

오늘의 나는 어제 내 생각의 결과이다. 어제 나의 생각이 오
늘의 나를 결정하고 오늘 나의 생각이 내일의 나를 결정하는
것이다.

그리스도인 공동체 가운데 가장 조심해야 할 사람이 있다면

바로 부정적인 사람이다. 부정적인 사람은 치명적인 바이러스만큼 빠른 속도로 사람들에게 부정적인 사고를 전염시키기 때문이다. 이스라엘 백성도 그랬다. 각 지파를 대표하는 사람 열 명의 부정적인 보고로 200만 명이 넘는 사람들이 한 순간에 부정적인 사람들이 되었다. 따라서 선한 영적 싸움을 위한 믿음의 소신을 세우지 않고 부정적이기만 한 사람이 교회 리더가 되면 그 교회는 반드시 어려움을 겪게 된다.

말씀이 생각을 지배하게 하라

그렇다면 우리는 어떻게 긍정적인 마음과 생각을 가질 수 있는가?

"하나님 아는 것을 대적하여 높아진 것을 다 무너뜨리고 모든 생각을 사로잡아 그리스도에게 복종하게 하니"(고후 10:5).

우리는 하루에도 정말 많은 생각을 한다. 사도 바울은 그 모든 생각을 사로잡아 그리스도에게 복종시키라고 말한다. 전쟁터에 나간 군인이 적군을 사로잡아 오듯이 수많은 사탄의 생각, 나의 영을 대적하며 성령님을 근심하게 하는 생각, 나의 믿음의 성장을 가로막는 생각을 사로잡으라는 것이다. 그 다음 그 생각들을 그리스도에게 복종시켜야 한다. 생명을 살리고 승리를 선포하는 하나님의 말씀에 집중해야 한다.

'나는 할 수 없다'라는 부정적인 생각이 들어오면, "할 수 있거든이 무슨 말이냐 믿는 자에게는 능히 하지 못할 일이 없느니라"(막 9:23)는 말씀으로 대적하며 기도해야 한다. 음란한 생각이 들어오면, "음욕을 품고 여자를 보는 자마다 마음에 이미 간음했느니라"(마 5:28), "음행을 피하라 사람이 범하는 죄마다 몸 밖에 있거니와 음행하는 자는 자기 몸에 죄를 범하느니라"(고전 6:18)는 말씀으로 이겨내야 한다. 또한 돈에 대한 욕심이 내 안에 들어오면 "돈을 사랑함이 일만 악의 뿌리가 되나니"(딤전 6:10)라는 말씀으로 영적 전쟁에서 승리해야 한다.

하나님의 말씀은 살았고 운동력이 있기 때문에 말씀이 내 안에 역사하면 생각이 바뀐다. 생각을 바꾸면 열매가 나타나고 창조적인 기적이 일어난다. 그러므로 우리는 하나님의 말씀이 우리의 생각을 지배하게 해야 한다.

잃어버린 하나님의 형상을 회복한 우리는 이 땅을 살아가면서 에덴동산을 지키는 자로 살아야 한다. 에덴동산을 지키는 것은 어렵고 복잡한 것이 아니다. 하나님이 창조하신 세상을 아름답게 가꾸고 보존하며 사탄의 유혹을 이겨낼 수 있도록 우리의 마음과 생각을 지키는 것이다.

· · · · ·

하나님이 선악과를 만드신 이유는
피조물인 인간이 교만하지 않고
하나님만 의지하며 살게 하시려는 것이었다.
선악과는 징벌의 도구가 아니라
하나님 안에서 풍성한 사랑과 자유를
누리게 하시려는 하나님의 선물이다.

선악을 결정하는 기준은 하나님이다

언젠가 유혹에 대한 내용을 찾다가 알래스카에 사는 이누이트(Innuit) 종족이 독특한 방법으로 이리를 사냥하는 것을 본 적이 있다. 사실 그들의 사냥 도구는 몹시 단출하며 방법 역시 단순하다. 칼 한 자루와 짐승의 피만 있으면 된다.

그 방법은 이러하다. 날이 서 있는 칼날에 이미 잡은 짐승의 피를 발라 놓는다. 그러면 그 피가 칼 표면에 얼어 붙는다. 이런 식으로 몇 번씩 피를 발라 얼리다 보면 피가 칼날을 완전히 덮는다. 그런 다음에 칼날을 위로 보이게 해서 땅에 칼자루를 단단히 묻는다.

한편 이리는 밤중에 먹이를 찾아 어슬렁거리다가 피 냄새를

맡고 접근한다. 허기진 상황에 판단력이 흐려지고 이내 칼날을 핥기 시작한다. 얼어붙은 짐승의 피를 맛보니 맹수의 본성상 흥분하지 않을 수 없는 것이다. 이리는 더욱 피를 탐닉하고 그때 차가운 칼의 표면이 이리의 혀를 마비시킨다.

결국 어리석은 이리는 칼날에 자기 혀를 베이는 것을 인식하지 못하고 자기의 더운 피를 짐승의 피로 착각하여 계속 맛본다. 마비된 혀로 허겁지겁 피를 핥고 혀는 갈기갈기 찢긴다. 이리는 이렇게 서서히 피를 흘리며 죽게 된다. 유혹의 덫에 걸려든 이리의 말로는 비극인 것이다.

에덴동산에 선악과가 있는 이유는?

성경을 읽다 보면 이해되지 않는 것들이 있다. 그중 가장 먼저 드는 의문은 유혹에 대한 것이다. '하나님은 왜 에덴동산에 선악을 알게 하는 그 나무를 만들어 놓으셨을까?', '선하신 하나님이 왜 아담과 하와가 따 먹을 수 있도록 그 선악과를 놓아두신 것일까?" 이러한 의문을 갖는 것은 어쩌면 당연하다. 에덴동산에 선악과가 없었다면 아담과 하와는 그것을 따 먹지 않았을 것이고, 인간은 이러한 고통 가운데 살지 않았을 것이기 때문이다.

그런데 하나님은 에덴동산에 선악을 알게 하는 나무의 실과를 두셨다. 설령 아담과 하와가 따 먹으려 해도 먹지 못하도록 물리적으로 개입하셨다면 얼마나 좋았을까? 그렇다면 예수님이 인간의 몸으로 이 땅에 오실 필요도 없고 십자가에 달려 돌아가실 이유도 없지 않았을까? 여기까지 생각이 미치면 하나님이 꼭 병 주고 약 주는 것 같다는 생각이 든다.

선악과를 제대로 알라

왜 하나님이 에덴동산에 선악과를 두셨는지를 알려면 먼저 선악과에 대한 기본적인 이해가 필요하다.

선악과는 에덴동산에 실제로 존재했다. 그런데 가끔 고대의 신화나 설화로 생각하는 사람들이 있다. 그 이유는 어떻게 뱀이 간교한 생각을 가지고 사람과 대화를 나눌 수 있느냐는 것이다. 그러나 선악과가 실제로 존재하지 않았다면 성경이 말하는 모든 구원의 역사는 거짓이 되고 만다. 성경에는 분명히 아담 한 사람의 죄로 인하여 모든 사람이 죄인이 되었다고 나온다.

> "한 사람이 순종하지 아니함으로 많은 사람이 죄인 된 것"(롬 5:19a).

말씀에 있는 한 사람은 바로 첫 사람 아담이다. 아담 한 사람의 범죄로 말미암아 모든 후손이 죄인이 되고 죽음의 법 아래 놓이게 된 것이다. 아담은 개인이 아니라 자신의 후손을 포함하여 이 세상에 태어날 모든 인간을 대표하는 사람이었다. 그는 대표성을 가지고 하나님과 언약을 맺었다. 그리고 이러한 대표성의 원리로 아담 한 사람의 범죄가 우리 모두의 범죄가 된 것이다.

그러므로 사실 선악과가 어떤 과일인지는 그리 중요하지 않다. 선악과를 따 먹었다는 것 자체도 생각하는 것만큼 중요하지 않다. 문제는 하나님과 맺은 언약을 파기하고 그것을 먹었다는 것이다.

에덴동산의 아담과 하와에게는 자유의지가 있었다. 하나님은 주권이 있으셨지만 첫 사람 아담과 하와에게 자유의지를 주셨다. 자기 스스로 생각하고 말하고 결정하여 행동할 수 있는 능력을 주신 것이다. 만일 아담과 하와에게 자유의지가 없었다면, 그들은 입력된 프로그램에 따라 생각하고 말하며 행동하는 로봇과 다를 바 없었을 것이다. 그런 경우라 가정하면 두 가지 큰 문제에 직면하게 된다.

하나는 선악과를 먹은 책임을 하나님이 지셔야만 한다. 하나님이 프로그램을 입력하여 행동 결과가 나온 것이므로 조종하는 이에게 책임이 있는 것이다. 그러나 아담과 하와는 자유의지를 가지고 있었다. 스스로 선택하고 결정하여 선악과를 먹었고 그에 따른 책임 역시 아담이 지게 된 것이다.

직면하는 문제 중 다른 하나는 인격적인 교제를 할 수 없다는 것이다. 아무리 인공지능이 뛰어난 로봇이라도 인격은 없다. 로봇과는 인격적인 사랑과 사귐을 가질 수 없는 것이다. 감정의 교류를 나눌 수 없고 영적인 교감을 형성할 수도 없다.

요즘 스마트폰을 보면 음성인식 기능이 얼마나 발달했는지 모른다. 예전에 선교로 남아공에 갔을 때 일이다. 한 집사님이 갑자기 스마트폰에 "시리야, 한국 식당 좀 가르쳐 줄래?"라고 말했다. 그랬더니 스마트폰에서 바로 한국 식당을 가르쳐 주었다. 농담이 아니라 나는 그 스마트폰의 기능인 '시리'(Siri)가 숨겨둔 애인인 줄 알았다. 가끔 "사랑해"라고 말하면 "제 겉모습만 보고 반하신 건 아니겠지요?"라며 정중히 거절을 한다. 그러다가 지나치게 표현하면 "금지된 사랑입니다. 마음은 고맙지만… 이만 접어두세요"라며 짜증 섞인 투로 답한다. 그저 놀라울 뿐이다. 그런데 그렇게 똑똑하게 대답을 한다고 그 '시리'와 마음과 마음이 만나는 인격적인 사랑을 할 수 있겠는가? 그것은 어려운 일이다. 스스로 생각하고 말하고 행동을 결정할 수 있는 자유의지를 가진 자만이 인격적인 사귐을 할 수 있다.

에덴동산의 선악과는 'temptation'이 아니라 'test'였다. 'temptation'은 유혹을 뜻한다. 사탄이 죄를 짓고 넘어지게 하려는 목적으로 하는 것이다. 그런데 하나님은 우리를 유혹하시는 것이 아니라 시험하신다. 이삭을 제물로 바치라고 아브라함을 시험하신 것처럼 우리를 시험하시는 것이다. 성경을 보면 하나님이 우리의 믿음을 한 차원 성장시키시거나 새로운 일을 맡기려 하실 때, 풍성한 복을 주시고자 하실 때 반드시 우리를 시험하신다는 것을 알 수 있다.

에덴동산의 선악과 역시 시험이었다. 하나님은 아담과 하와가 유혹에 빠져 넘어지고 죄를 짓게 하려고 선악과를 그곳에 두신 것이 아니다. 하나님이 주신 영생의 축복을 누리며 하나님과 풍성한 사랑의 교제를 나눌 수 있게 하려고 두신 것이다. 즉, 선악과는 유혹이 아니라 축복을 누리게 하려는 시험이었다. 그런데 사탄이 그 시험을 유혹하여 아담을 범죄하게 한 것이다.

왜 에덴동산에 선악과를 두셨는가?

하나님은 "동산 각종 나무의 열매는 네가 임의로 먹되 선악을 알게 하는 나무의 열매는 먹지 말라 네가 먹는 날에는 반드시 죽으리라"(창 2:16-17)고 명하셨다. 하나님은 왜 선악을 알게 하는 나무의 실과는 먹지 말라고 명하셨는가? 첫째, 하나님만이 나의 왕이시며 주인이심을 깨닫게 하기 위해서였다.

하나님의 형상대로 지음 받은 아담은 하나님의 대리 통치자였다. 하나님을 대신하여 모든 피조물을 정복하고 다스리는 권세를 가지고 있었다. 모든 피조물은 아담의 머리에 있는 영화와 존귀의 관을 보며 그 다스림에 순종했다. 그러나 잘못하면 아담 자신이 피조물이라는 사실을 망각하고 조물주 행세를 할 수도 있었다. 그래서 에덴동산에서 피조물과 조물주의 구분이 필요했다. 그것을 위해 하나님은 에덴동산 중앙에 선악을 알게 하는 나무의 실과를 두어 날마다 그것을 바라보게 하셨다.

아담과 하와는 에덴동산을 거닐 때마다 그 선악과를 바라보며 '나는 하나님의 대리 통치자이지만 피조물이기 때문에 하나님을 의지하며 살아야 돼'라고 생각했다. 선악을 알게 하는 나무의 실과를 볼 때마다 나를 지으신 하나님만이 나의 왕이요 주인 이심을 고백한 것이다.

하나님이 선악과를 만드신 가장 대표적인 이유는 피조물인 인간이 교만하지 않고 하나님을 의지하며 살게 하려는 것이었다. 인간은 아무리 지혜롭고 똑똑해도 피조물이다. 피조물은 하나님을 의지하지 않고는 살 수 없는 속성이 있다. 그런데 주변을 보면 하나님 없이도 살 수 있다고 생각하는 사람들이 너무도 많다. 하나님 없이 살 수 있다고 생각하는 피조물의 주인 행세, 그 교만이 죄의 본질이다.

그래서 이사야 선지자는 죄의 본질을 이렇게 설명한다.

"우리는 다 양 같아서 각기 제 길로 갔거늘 여호와께서는 우리 모두의 죄악을 그에게 담당 시키셨도다"(사 53:6).

양은 목자 없이는 스스로 먹이를 구할 수 없고 보호 받을 수도 없다. 따라서 반드시 목자의 음성을 듣고 인도를 받아야 살 수 있다. 만약 양이 목자의 음성을 듣지 않고 따르지도 않는다면 그 결과는 죽음일 수밖에 없다. 생명을 살리는 음성에 반응하지 않고 자기가 원하는 길로 나아가는 것, 이것이 죄의 본질인 것이다.

하나님이 에덴동산에 선악과를 두신 둘째 이유는, 하나님만이 선악의 기준이심을 알려 주시기 위해서였다.

"동산 가운데는 생명 나무와 선악을 알게 하는 나무도 있더라"(창 2:9b).

"선악을 알게 하는 나무의 열매는 먹지 말라 네가 먹는 날에는 반드시 죽으리라 하시니라"(창 2:16).

하나님은 선악을 알게 하는 나무의 열매를 먹으면 "죽을 수 있다"가 아니라 "반드시 죽으리라"고 말씀하셨다. 선악을 알게 되는 것은 자기가 선악을 결정하는 기준이 된다는 의미이기 때문이다. 그것은 곧 하나님의 자리에 내가 앉겠다는 것과 다를 바가 없다. 사탄이 어떻게 하와를 유혹하여 넘어뜨렸는가?

"너희가 그것을 먹는 날에는 너희 눈이 밝아져 하나님과 같이 되어 선악을 알 줄 하나님이 아심이니라"(창 3:5).

사탄은 선악을 알게 하는 나무의 열매를 먹으면 눈이 밝아져 하나님과 같이 될 수 있다고 꾀었다. 그 결과 아담과 하와는 정말 그렇게 되었는가? 선악과를 먹고 눈이 밝아져 하나님과 같이 되어 선악을 알게 되었는가? 정말 스스로 선과 악을 판단할 수 있는 능력이 생겼는가?

사탄의 말대로 눈이 밝아지기는 했다. 그런데 발가벗고 있는 자신의 죄인 된 모습, 부끄러운 모습만 보게 되었다. 아담과 하와는 다급하게 무화과나무 잎을 엮어 치마를 만들어 입었다. 그리고 동산을 거니시는 하나님의 소리를 듣고 하나님의 낯을 피하여 동산 나무 사이에 숨었다.

사탄은 분명히 그 나무의 열매를 먹으면 눈이 밝아져 하나님과 같이 되어 선악을 알게 될 것이라고 했다. 그런데 결과는 그것이 아니었다. 그들이 바랐던 모든 예상과 기대가 빗나갔다. 한마디로 사탄에게 철저하게 속은 것이다.

선과 악에 대한 지식과 판단과 기준은 하나님만의 고유 권한이다. 하나님만이 선하신 분이기 때문이다. 선하신 하나님이 말씀하시면 시공을 뛰어넘어 그것이 곧 선이 된다. 가끔 선하신 하나님이 어떻게 지옥을 만들고 믿지 않는 자들을 지옥에 보낼 수 있느냐고 따지는 사람들이 있다. 이 모든 논쟁은 결국 하나님만이 선과 악의 기준이 되신다는 사실을 인정하지 않기 때문에 일어나는 것이다.

하나님이 우리 인간을 당신의 형상대로 지으셨고 하나님만이 선과 악의 기준이 되신다는 사실을 의심 없이 믿으면, 하나님의 공의가 이루어지는 것이 바로 선이고 하나님의 공의가 이루어지지 않는 것이 바로 악인 것을 안다.

그러므로 우리는 이 세상을 살면서 하나님이 선과 악의 기준이 되신다는 사실을 인정하고 받아들여야 한다. 그렇지 않으면 이 세상의 풍속을 따라 살아갈 수밖에 없다. 선한 것이 하나 없는 타락의 지름길로 갈 수밖에 없는 것이다. 지금도 선하신 그리스도의 말씀을 따라가지 않은 아담의 후손들은 사사 시대의 사람들처럼 자기 소견에 옳은 대로 행하며 살고 있다.

> "그 때에 이스라엘에 왕이 없으므로 사람이 각기 자기의 소견에 옳은 대로 행했더라"(삿 21:25).

부끄럽게도 이것은 바로 우리의 모습이다. 우리는 우리가 원하는 바, 우리가 옳다고 여기는 것에 집중한다. '하나님의 뜻은 무엇일까?', '하나님이 원하는 것은 무엇일까?'에 대해 진지한 고민과 기도가 없다. 그래서 혼란 속에서 진리의 길을 놓쳐 버릴 때가 많다.

그러므로 진리의 길을 따라 행하고 내 소견에 옳은 대로 살지 않으려면 끊임없이 내 생각과 판단을 내려놓고 하나님께 물어야 한다. 선과 악의 기준이 되시는 하나님만을 신뢰해야 하는 것이다.

하나님이 에덴동산에 선악과를 두신 마지막 이유는, 아담과 하와를 너무나 사랑하셨기 때문이다. 하나님은 그 선악과를 통해 더욱 깊고 풍성한 사랑을 나누고 싶으셨다. 다시 말해 하나님은 아담과 하와를 향한 사랑의 증표로 선악과를 두신 것이다.

선악을 알게 하는 나무는 에덴동산의 중앙에 있었다. 그것은 아담과 하와가 매일 가장 쉽게 볼 수 있는 곳이었다. 아담과 하와는 매일 동산 중앙에 있는 선악과를 바라보면서 두 가지를 생각했다.

하나는 금한 것보다 더 많은 것을 누리게 하신 하나님의 은혜와 사랑이다. 하나님은 동산 모든 나무의 실과는 자유롭게 먹게 하시고 오직 한 가지 선악과만을 먹지 못하게 하셨다. 반대로 하나님이 오직 하나의 실과만 먹게 하고 다른 모든 나무의 실과를 먹지 못하게 했다면 어땠을까?

어떤 목사님은 이것을 반찬에 빗대어 설명했다. 만 가지의 반찬이 있는데 하나님이 오직 한 가지 반찬만 먹게 하고 9,999가지의 반찬을 먹지 못하게 하면 어떨까? 상당히 힘들 것이다. 그런데 하나님은 한 가지 반찬만 먹지 못하게 하시고 9,999가지의 반찬을 다 공짜로 먹게 하신 것이다. 그럼에도 왜 한 가지 반찬을 못 먹게 했느냐며 불평할 수 있겠는가? 아담과 하와는 하나님이 금하신 선악과를 바라보면서 금하신 것보다 더 많은 것을 누리게 하신 하나님의 은혜와 사랑에 감사했다.

또한 아담과 하와는 선악과를 보며 그들 자신만이 하나님과 유일한 사랑을 나눌 수 있는 존재임을 깨달았다. 아마도 아담과 하와는 선악과를 볼 때마다 이런 생각을 했을 것이다. '나는 원래 흙에 불과한 존재, 피조물이 아닌가? 그런데 창조주 하나님이 나 같은 비천한 자를 당신의 형상을 따라 지으시고 하나님의 사랑을 받아 느끼고 표현하며 하나님과 사랑의 사귐을 누리는 존재로 지으셨구나!'

선악과가 있었기에 스스로 겸손할 수 있었고, 스스로 겸손할 수 있었기에 하나님과 친밀한 사랑을 나눌 수가 있었던 것이다.

사실 아담과 하와는 사탄이 심어준 부정적인 생각을 받아들이기 전까지 선악을 알게 하는 나무의 실과를 볼 때마다 하나님의 은혜와 사랑을 생각하며 감사하고 감격했다.

내가 처음부터 사랑받을 수 있는 존재라고 생각하면 사랑의 감격이 없다. 가정의 자녀들도 마찬가지이다. 용돈을 주고 학비를 대 주고 결혼까지 시켜주고 살림살이할 집을 마련해 주는 것이 당연하다고 생각하는 자녀는 부모의 은혜에 깊은 감사를 느끼지 못한다. 반대로 가난하게 사는 부모가 어렵게 학비를 대 주는 것만으로도 너무나 감사하게 여기는 자녀는 그 은혜를 잊지 않는다.

예수님이 이 땅에 계시는 동안에 예수님을 정말 뜨겁게 사랑했던 자들이 누구였는가? 자신의 의를 가지고 있던 서기관과 바리새인들이었는가? 아니다. 세리와 창기들이었다. 일곱 귀신 들렸다가 자유함을 얻은 막달라 마리아였다.

사랑은 홀로 존재할 수 없다. 반드시 대상이 필요하다. 하나님은 사랑의 대상으로 우리 인간을 지으신 다음 우리를 그 어떤 것보다 귀하게 사랑하신다. 그리고 하나님도 우리의 사랑을 필요로 하신다. 우리가 하나님을 사랑하지 않으면 천지 만물을 창조하신 하나님도 마음이 아파서 견디지 못하신다. 우리가 하나님께 진실한 사랑을 드리지 않으면 하나님은 외로워서 견딜 수 없으시다. 그것이 사랑의 본질이다.

하나님께 우리는 굉장히 존귀한 존재이다. 그러므로 스스로 과소평가하지 말자. 하나님이 나를 사랑하시고 내가 하나님을 사랑하는 이 관계는 천사도 부러워한다고 했다. 천사는 하나님과 사랑의 관계에 있지 않기 때문이다. 비천한 존재지만 우리 인간만이 하나님과 인격적인 사랑을 할 수 있다.

이 광활한 우주 가운데 하나님과 인격적인 사랑의 교제를 누릴 수 있는 것은 우리밖에 없다. 비록 연약하고 부족하며 허물이 많지만 하나님은 변함없이 우리를 사랑하신다. 이것이 우리의 가치이며 우리의 존재이다. 하나님은 우리를 이렇게 소중하게 여기신다. 그러므로 스스로를 구박하거나 학대하지 말라. 그것은 나를 사랑하시는 하나님께 죄를 짓는 것이다.

하나님은 이렇게 더욱 깊고 풍성한 사랑을 나누기 위해 선악과를 만들어 놓으셨다. 그러므로 왜 선악과를 만들어 우리를 이렇게 비참하게 만드셨느냐며 항변하지 말고 하나님과 더욱 깊고 풍성한 사랑을 나누며 살아가라. 그것이 바로 우리의 행복이요 에덴동산을 회복하는 것이고 나아가 하나님의 형상을 회복하는 것이다.

2부

지친 날들에
하나님은 말씀으로
위로하신다

. . . . .

하나님의 사람에게 가장 큰 기쁨은
구원의 즐거움을 노래하는 것이다.
세상이 주는 값싼 기쁨에
만족하지 말라.
우리게는 핏값으로 산
구원의 기쁨, 영생의 즐거움이 있다.

하나님의 마음에 합한 자였던 다윗이 간음과 살인죄를 저질 렀다. 그는 자신의 군대가 전쟁을 하고 있던 때에 한가하게 옥상 을 거닐다가 목욕하는 한 여인을 보았다. 그 여인은 전쟁에 나가 서 싸우고 있는 우리아의 아내 밧세바였다. 하지만 다윗은 여인 을 궁으로 불러들여 그 여인과 동침했다.

얼마 후 밧세바가 임신했다는 소식이 들려왔다. 다윗은 그 사실을 무마시키고자 남편 우리아를 전쟁의 최전선에 보내어 죽게 했다. 간음과 살인죄를 지은 것이다. 그러자 하나님은 나 단 선지자를 보내 "당신이 바로 그 사람이라"며 다윗의 죄를 지적하고 책망하셨다. 그리고 그 죄로 인해 "칼이 네 집에서

영원히 떠나지 아니하고 아내를 빼앗기게 될 것이라"고 말씀
하셨다.

하나님 앞에 죄를 인정하다

나단 선지자를 통하여 죄를 지적받고 하나님의 심판의 말까
지 들은 다윗은 어떻게 반응했는가?

> "다윗이 나단에게 이르되 내가 여호와께 죄를 범했노라"(삼하
> 12:13a).

다윗은 자신의 죄를 숨기려고 하지 않았다. 변명하지도 않았
다. 솔직하게 "내가 여호와께 죄를 범했노라"고 고백했다. 이것
이 바로 다윗의 위대한 점이다. 다윗은 한 나라의 왕이었다. 자
신의 죄를 지적하고 심판을 예언한 나단 선지자를 당장에 쳐 죽
일 수도 있었다. 그러나 다윗은 자신의 죄를 순순히 인정했다.

반면에 동시대를 살았던 사울 왕은 그렇지 않았다. 사울은 사
무엘 선지자가 자신의 죄악을 지적할 때 변명으로 일관하며 자
신의 행위를 정당화했다. 사무엘상 15장에서 하나님은 사울 왕
에게 "아말렉을 치되 그 모든 소유를 남기지 말고 모두 진멸할
것"을 명하셨다. 하지만 그는 아말렉의 왕 아각과 그의 양과 소
의 가장 좋은 것을 진멸하지 않고 남겨 두었다. 이 일로 사무엘
이 추궁하자 사울 왕은 이렇게 변명했다.

"사울이 이르되 그것은 무리가 아말렉 사람에게서 끌어온 것인데 백성이 당신의 하나님 여호와께 제사하려 하여 양들과 소들 중에서 가장 좋은 것을 남김이요 그 외의 것은 우리가 진멸했나이다 하는지라"(삼상 15:15).

가장 좋은 소와 양들을 죽이지 않은 것은 자기가 한 것이 아니라 백성들이 하나님 여호와께 제사를 드리기 위해서 그런 것이라고 변명했다. 자신은 순종하려고 했는데 백성 때문에 불순종하게 되었다고 잘못을 떠넘긴 것이다.

또한 사울 왕은 블레셋이 쳐들어왔을 때 사무엘을 끝까지 기다리지 못하고 제사장만 드릴 수 있는 번제를 자신이 드렸다. 번제 드리기를 마쳤을 때 뒤늦게 도착한 사무엘이 그 사실을 알고 왜 제사장도 아닌 당신이 번제를 드렸느냐며 사울을 책망했다. 그때에도 사울 왕은 이렇게 변명했다.

"백성은 내게서 흩어지고 당신은 정한 날 안에 오지 아니하고 블레셋 사람은 믹마스에 모였음을 내가 보았으므로 이에 내가 이르기를 블레셋 사람들이 나를 치러 길갈로 내려오겠거늘 내가 여호와께 은혜를 간구하지 못했다 하고 부득이 하여 번제를 드렸나이다"(삼상 13:11-12).

그 당시 백성은 겁을 먹고 흩어지고 있었다. 사무엘은 정한 날에 오지 않았고 블레셋은 길갈로 쳐들어 오려고 했다. 그래서 부득이하게 번제를 드렸다는 것이었다. 여기서 볼 수 있는 사울의 변명은 무엇인가? 모두 상황 때문에 어쩔 수 없었다는 것이다.

오늘날 너무 많은 사람이 상황 때문에 어쩔 수 없었다며 죄 지은 것을 합리화한다. 상황 때문에 우상을 숭배할 수밖에 없었고, 상황 때문에 거짓말을 할 수밖에 없었고, 상황 때문에 술을 마실 수밖에 없었고, 상황 때문에 편법을 쓸 수밖에 없었다며 상황이 가져다주는 불가항력적인 권세에 패배를 자인한다.

그러나 다윗은 반대였다. 죄를 지적받는 순간 하나님 앞에 무릎을 꿇었다. 그리고 즉시 여호와께 죄를 범했음을 고백했다. 시편 51편 4절에서도 다윗은 자신의 죄를 회개하며 "내가 주께만 범죄하여 주의 목전에 악을 행했사오니"라고 고백한다.

다윗은 자신의 죄를 회개할 때 여호와께 범한 것으로 고백했다. 하지만 죄를 범한 대상은 분명히 밧세바와 그의 남편 우리아였다. 여기서 다윗의 회개는 하나님께만 죄를 짓고 사람에게는 죄를 짓지 않았다는 말이 아니다. 분명히 다윗은 밧세바와 동침하고 우리아를 최전선에 내보내 죽게 함으로써 간음과 살인죄를 지었다.

하나님의 사람 요셉은 보디발의 아내에게 유혹을 받았을 때 이렇게 말했다.

"내가 어찌 이 큰 악을 행하여 하나님께 죄를 지으리이까"(창 39:9).

그렇다. 우리의 모든 범죄는 하나님을 향한 것이다. 그러므로 우리는 다윗처럼 하나님 앞에서 가장 먼저 그 죄를 인정하고 회개해야 한다. 그 다음에 죄를 지은 대상에게 용서를 구하고 화해해야 한다.

반드시 하나님 앞이어야 하는 이유

다윗은 왜 "내가 여호와께 죄를 범했노라", "내가 주의 목전에서 악을 행했노라"며 하나님 앞에서 자신의 죄를 회개했는가? 그 이유는 두 가지이다.

하나는 하나님이 모든 선악의 기준이 되시며 그 죄를 심판하시는 분이기 때문이다. 우리가 짓는 죄는 대부분 사람과 관련되어 있다. 사람과 무관한 죄는 별로 없다. 부모를 공경하지 않고 사람을 미워하고 죽이고 험담하고 도둑질하고 음욕을 품고 간음을 행하는 것 모두 사람과 관련이 있다.

그런데 분명한 것은 이러한 죄가 모두 하나님께 짓는 것이라는 사실이다. 아무리 많은 사람들이 죄라고 해도 하나님이 "죄가 아니다"라고 말씀하시면 그것은 죄가 아니다. 반대로 모든 사람이 죄가 아니라고 해도 하나님이 "죄이다"라고 말씀하시면 그것은 죄이다. 하나님만이 선악의 기준이 되시고 죄를 심판하실 수 있기 때문이다. 따라서 죄를 지으면 하나님 앞에서 죄를 인정하고 그 죄를 회개해야 한다.

다윗이 하나님 앞에서 죄를 회개한 또 다른 이유는 하나님의 원수가 비방할 거리를 얻게 했기 때문이다.

"이 일로 말미암아 여호와의 원수가 크게 비방할 거리를 얻게 했으니 당신이 낳은 아이가 반드시 죽으리이다 하고"(삼하 12:14).

다윗이 지은 간음과 살인죄로 인하여 여호와의 원수가 크게 비방할 거리를 얻었다. 다윗의 범죄가 하나님의 영광을 가리고 하나님의 공의를 거스른 것이다.

마찬가지로 하나님께 속한 우리가 지은 죄는 하나님의 영광과 거룩함에 손상을 입힌다. 우리가 범죄하면 하나님의 이름이 모독을 받는다. 그러므로 죄를 지으면 즉시 다윗처럼 하나님 앞에서 시인하고 회개해야 한다. 그 후에 세상 속에서 선을 행하고 빛의 사명을 감당하면서 하나님 아버지께 영광을 돌려야 한다.

"이같이 너희 빛이 사람 앞에 비치게 하여 그들로 너희 착한 행실을 보고 하늘에 계신 너희 아버지께 영광을 돌리게 하라"(마 5:16).

값없이 받은 구원의 즐거움

다윗은 나단 선지자의 책망을 듣고 자신의 죄를 인정하며 참회 기도를 드렸다. 시편 6편에는 다윗이 밤마다 눈물로 침상을 띄우며 요를 적실 만큼 회개 기도를 드렸던 내용이 나온다. 또한 시편 51편에는 다윗이 나단 선지자의 책망을 받은 후에 자신의 죄를 회개하는 장면이 나온다. 그는 죄를 회개하면서 "주의 구원의 즐거움을 회복시켜 달라"고 기도했다.

"주의 구원의 즐거움을 내게 회복시켜 주시고 자원하는 심령을 주사 나를 붙드소서"(시 51:12).

구원의 즐거움을 회복시켜 달라는 말은 이전에 그것을 누리며 살았던 때가 있었다는 것을 의미한다. 다윗은 그때의 거룩하고도 기쁜 상태로 돌아가는 것을 원하는 것이다. 하나님의 사람에게 가장 큰 기쁨은 구원의 즐거움을 노래하는 것이기 때문이다.

이 세상에는 여러 종류의 기쁨이 있다. 임신의 기쁨, 출산의 기쁨, 대학 입학의 기쁨, 취직의 기쁨, 승진의 기쁨, 승리의 기쁨, 사업 번창의 기쁨, 건강의 기쁨, 만남의 기쁨 등 참 많다. 그러나 인생에서 가장 큰 기쁨은 하나님이 아들 독생자 예수 그리스도를 통해 값없이 주신 구원의 기쁨이다.

그런데 왜 구원이 가장 큰 기쁨인가? 구원을 받고 내가 새로운 피조물이 되었기 때문이다. 죽은 내 영혼이 죄와는 무관하고 죽음에서 부활하신 예수님의 생명으로 다시 태어났기 때문이다. 어둠의 자식으로 이 세상의 풍속을 따라 살던 내가 하나님의 자녀가 되어 하나님을 아빠 아버지라 부를 수 있는 권세를 갖게 되었기 때문이다. 불타는 지옥을 향하여 달려가던 내가 신부가 신랑을 위하여 단장하는 것처럼 아름답고 영광스러운 천국에 들어갈 수 있게 되었기 때문이다. 이 세상을 고아처럼 살지 않고 하나님과 동행하는 자로 살게 되었기 때문이다. 그러므로 구원의 즐거움보다 더 크고 영원한 기쁨은 없다.

하나님은 우리의 행복의 기준이 구원이라고 말씀하신다.

"이스라엘이여 너는 행복한 사람이로다 여호와의 구원을 너 같이 얻은 백성이 누구냐"(신 33:29a).

하나님이 무엇을 근거로 그들을 행복한 사람이라고 말씀하셨는가? 여호와의 구원이다. 하나님이 보시는 행복의 기준은 돈이나 성공이 아니다. 사람들에게 인정과 박수를 받으며 사는 것이 아니다. 하나님의 행복의 기준은 구원이다. "너 구원받았니? 그렇다면 너는 참 행복한 사람이란다"라고 말씀하시는 것이다. 하나님의 기준대로 다윗 역시 구원이 가장 큰 복임을 알고 있었다.

"허물의 사함을 받고 자신의 죄가 가려진 자는 복이 있도다"(시 32:1).

하나님의 섭리는 명쾌하다. 구원받은 사람에게는 구원의 즐거움이 있다. 세상이 줄 수 없는 구원의 기쁨이 있는 것이다.

그래서 다윗은 지금 이 구원의 즐거움을 다시 회복시켜 달라고 기도한다. 누구보다도 구원의 즐거움을 만끽하며 지내던 사람이었는데 어느 순간 구원의 즐거움이 사라진 것이다. 심지어 다윗은 사울 왕의 추격을 받아 생명이 위태로울 때도 구원의 즐거움을 누리던 사람이었다. 사울의 군대에 완전 포위를 당했을 때도 하나님이 블레셋 군대를 쳐들어오게 하여 극적으로 구원을 받았다. 또 한 번은 사울을 피하여 적국인 블레셋으로 피난을 갔는데 신분이 들통 나서 죽을 위기에 처하게 되었다. 그런데 이때 다윗은 침을 흘리고 손으로 벽을 긁어대며 미친 사람 흉내를 내었다. 그러자 블레셋 왕이 그 연기에 속아 넘어갔고 다윗은 극적으로 목숨을 건질 수 있었다. 이렇게 다윗은 누구보다도 구원의 즐거움을 풍성하게 누리며 산 사람이었다. 그래서 그는 다른 것을 중요하게 여기지 않고 간절하게 구원의 즐거움을 회복시켜 달라고 기도했다.

다윗이 구원의 즐거움을 잃어버린 것은 죄를 짓고 난 다음이었다. 간음과 살인죄를 지은 후였다. 이것이 죄의 속성이다. 죄는 한 순간 짜릿한 기쁨을 가져다주지만 영혼의 기쁨을 사라지게 한다. 근심하게 하고 더 나아가 영혼을 신음하게 한다.

물론 죄를 짓는다고 해서 구원이 취소되거나 사라지는 것은 아니다. 그러나 죄를 지으면 영혼의 기쁨이 사라진다. 구원의 즐거움이 사라지는 것이다. 이것은 마치 자유를 잃고 고통 가운데 갇혀 있는 수감자의 상태와 같다. 죄는 내 안에 계신 성령님을 근심시킬 뿐만 아니라 내 영혼을 짓누른다.

다윗 역시 마찬가지였다. 간음과 살인죄를 짓고 난 다음 회개하기 전까지 그 죄로 인하여 얼마나 신음하고 고통스러워했는지 모른다. 성경에는 다윗이 입을 열어 회개하기 전까지 종일 신음했다고 나온다. 그 신음으로 뼈까지 쇠하여졌다고 한다.

"내가 입을 열지 아니할 때에 종일 신음하므로 내 뼈가 쇠했도다"(시 32:3).

죄로 말미암는 고통이 얼마나 컸으면 종일 신음하고 그 신음으로 그 뼈까지 쇠했는가? 뼈가 쇠했다는 말은 뼈가 마를 정도로 고통이 심했다는 것을 의미한다.

"주의 손이 주야로 나를 누르시오니 내 진액이 빠져서 여름 가뭄에 마름같이 되었나이다"(시 32:4).

더 나아가 영혼의 진액이 빠져서 여름 가뭄에 마름같이 되었다고 한다. 바로 이것이 죄로 인한 아픔이며 고통이다.

다시 구원의 즐거움을 구하라

그렇다면 어떻게 해야 잃어버린 구원의 즐거움을 다시 회복할 수 있는가? 그 방법은 어렵고 복잡한 것이 아니다. 죄를 인정하고 자백함으로 죄에서 돌이키면 된다. 구원의 즐거움을 다시 회복하는 길은 회개를 통하여 어린양의 보혈로 정결함을 얻는 것이다.

그래서 다윗은 "우슬초로 나를 정결하게 하소서 내가 정하리이다 나의 죄를 씻어 주소서 내가 눈보다 희리이다"(시 51:7)라고 했다.

우슬초는 돌 틈이나 가옥의 담벼락에서 자라는 식물인데, 가지가 많고 꽃다발을 매는 줄기에 털이 많아 물을 잘 흡수한다. 그래서 정결 의식을 행할 때나 유월절에 피를 찍어 문지방에 바를 때 사용되었다. 그러므로 우슬초로 나를 정결하게 해 달라는 말은 어린양의 보혈로 나의 죄를 씻어 눈과 같이 깨끗하게 해 달라는 뜻이다.

하나님은 우리 안에 타락한 죄성이 있다는 것을 알고 계신다. 그래서 우리가 얼마나 연약한 존재인지도 잘 알고 계신다. 그러므로 주님은 우리가 죄를 자백하면 우리의 죄를 사하시며 모든 불의에서 우리를 깨끗하게 하실 것이다.

> "만일 우리가 우리 죄를 자백하면 그는 미쁘시고 의로우사 우리 죄를 사하시며 우리를 모든 불의에서 깨끗하게 하실 것이요"(요일 1:9).

또한 우리가 죄를 자백할 때 마지못해 용서해 주시는 것이 아니라 기다렸다는 듯이 곧 용서해 주신다고 한다.

> "내가 이르기를 내 허물을 여호와께 자복하리라 하고 주께 내 죄를 아뢰고 내 죄악을 숨기지 아니했더니 곧 주께서 내

죄악을 사하셨나이다"(시 32:5).

이뿐만이 아니다. 하나님은 우리가 죄를 자백할 때 기쁨과 즐거움으로 우리 죄를 사해 주신다.

"주는 선하사 사죄하기를 즐거워하시며"(시 86:5a).

전능하신 하나님은 왜 죄에 대한 우리의 자백을 통해 죄를 사하시고 깨끗하게 하시는 것인가? 그것은 끊임없이 지은 죄를 가지고 참소하는 사탄의 공작을 이겨내게 하기 위해서이다. 또한 죄에 매임을 당하지 않고 미래를 향하여 새로운 출발을 할 수 있게 하기 위해서이다. 이것이 곧 구원의 즐거움을 회복하는 길이며 죄를 자백함으로 죄 사함을 받는 것이다.

무엇이든 자원하는 심령으로

구원의 즐거움을 회복시켜 달라고 기도했던 다윗은 이제 자원하는 심령을 주시기를 간구한다.

"주의 구원의 즐거움을 내게 회복시켜 주시고 자원하는 심령을 주사 나를 붙드소서"(시 51:12).

자원하는 심령이란 하나님의 말씀에 자발적으로 순종하는 부드러운 마음을 말한다. 다윗은 그 마음이 지속적으로 머물게 해 달라고 구한 것이다. 다윗이 이렇게 기도한 것은 자신이 죄 가운데 있을 때 마지못해 신앙생활을 했음을 인정한 것이다.

그렇다. 우리가 죄를 짓고 그 죄 가운데 살면 구원의 즐거움뿐 아니라 자원하는 마음도 사라진다. 그래서 모든 신앙생활을 마지못해 하게 된다. 어쩔 수 없이 예배의 자리에 나와 예배를 드리고 어쩔 수 없이 말씀을 읽고 기도의 무릎을 꿇는다. '어쩔 수 없이'라는 무력함에 빠져 아무런 소망 없이 표류하는 인생을 살게 되는 것이다.

예전에는 가난한 마음으로 교회와 이웃을 섬기는 것이 기쁘고 즐거웠는데 어느 날부터인가 마지못해 억지로 하고 있다면 하나님 안에서 온전한 회복을 사모하고 있는지 한번 생각해 봐야 한다. 회복의 증거는 주의 거룩한 일을 사모하는 데 있기 때문이다. 하나님은 우리 영혼의 회복을 바라시지, 단순히 또 하나의 짐이 되는 교회 생활을 바라시는 것이 아니다.

예배를 통해 주의 성령이 회개의 영으로 역사하여 진정으로 자신의 죄를 자백하라. 그러한 회복의 노력을 통해 삶 속에서 하나님의 공동체를 살리는 사명을 완수해 나가기를 소원한다. 그래서 잃어버린 구원의 즐거움을 다시 회복하고, 자원하는 심령으로 이 땅에서 하나님 나라를 구하며 행할 수 있기를 소망한다.

. . . . .

인생의 밤 가운데서
바울과 실라처럼
하나님을 찬양하라.
밤이 깊을수록 더욱 찬양하라.
우리의 찬양이
어둠속을 뚫고 빛나는 아침을
열 것이다.

밤에 부르는 찬양이
더 멀리 울려 퍼진다

앞서 살펴본 것처럼 다윗은 간음과 살인죄를 지었다. 그때 하나님은 나단 선지자를 보내 그 죄를 지적하며 책망하셨다. 다윗은 한 나라의 왕이었지만 나단 선지자의 책망 앞에 "내가 주께만 범죄하여 주의 목전에서 악을 행하였나이다"(시 51:4)라며 자신의 죄를 고백했다. 눈물로 침상을 띄우며 요를 적실 만큼 회개했다. 그리고 "주의 구원의 즐거움을 내게 회복시켜 주시고 자원하는 심령을 주사 나를 붙드소서"(시 51:12)라고 기도했다.

다윗은 누구보다도 구원의 즐거움을 만끽하며 살았던 사람이지만 죄를 짓고 난 후 구원의 즐거움이 사라지고 말았다. 그렇다. 죄는 순간의 짜릿한 기쁨을 주지만 동시에 영혼의 기쁨을 앗아가고 구원의 기쁨을 사라지게 한다.

다윗은 사울 왕에게 쫓기는 삶을 살면서도 구원의 즐거움을 누리며 살았다. 수많은 전투에 참여하고 또 많은 사람에게 배신을 당할 때도 구원의 즐거움을 누렸다. 그런데 죄를 짓고 나니 구원의 즐거움뿐 아니라 자원하는 심령까지도 사라지고 말았다. 어쩔 수 없이 제사를 드리고 절기를 지키는 것이 너무나 큰 아픔이고 고통이었다. 그래서 다윗은 구원의 즐거움을 회복시켜 달라고, 자원하는 심령을 주사 자신을 붙들어 달라고 기도한 것이다.

주의 도를 전하는 자로 서라

그 후에 다윗은 하나님 앞에서 다짐했다. 그것이 무엇인가?

> "그리하면 내가 범죄자에게 주의 도를 가르치리니 죄인들이 주께 돌아오리이다"(시 51:13).

하나님이 구원의 즐거움을 회복시키시고 자원하는 심령을 주시면 주의 도를 가르치겠다고 한 것이다. 여기서 '가르치다'라는 말은 새로운 정보와 지식을 알려주겠다는 것이 아니라 자신이 배우고 깨달은 것을 다른 사람에게 나누어 깨우쳐 주는 것을 뜻한다. 그리고 그가 가르치고자 한 것은 '주의 도'였다.

'주의 도'는 일차적으로 하나님의 율법을 말한다. 율법 가운데서도 하나님이 모세를 통해 주신 "살인하지 말라", "간음하지 말라", "도적질하지 말라"와 같은 이런 계명을 말하는 것이다. 다윗은 이 율법을 가르쳐서 자신이 지은 그 죄가 얼마나 크고 무서운 것인지를 드러내겠다는 것이었다.

또 문맥적으로 '주의 도'는 자신이 경험한 하나님의 용서와 회복의 은총을 말한다. 다윗은 죄를 회개하기 전까지 그 죄를 품고 살아가는 것이 얼마나 고통스럽고 괴로운지를 가르치겠다는 것이다. 시편 32편에도 나와 있듯이 다윗은 입을 열어 그 죄를 자백하기 전까지 "종일 신음했고 그 신음을 통하여 내 뼈까지 쇠하여졌고 그 죄악이 나를 누르므로 내 진액이 빠져 여름 가뭄에 마름같이 되었나이다"라고 했다. 그만큼 고통과 괴로움이 큰 것이었다.

또한 더 나아가 다윗은 그 죄를 인정하고 자백할 때 우슬초로 죄를 사하시고 회복의 은총을 허락하여 주신 하나님의 은혜를 가르치겠다고 한다. 자신이 체험한 놀라운 구원과 회복의 은혜를 다른 사람들에게 전하겠다는 것이다.

그렇다면 다윗은 누구에게 '주의 도'를 가르치겠다는 것인가?

"내가 범죄자에게 주의 도를 가르치리니"(시 51:13a).

범죄자이다. 죄 가운데 있는 사람, 이전의 자신처럼 죄를 짓고 죄책감에 신음하며 고통당하는 사람들을 말하는 것이다.

"나를 보세요. 나도 과거에 간음과 살인죄를 지은 사람입니다. 그리고 그 죄책감에 얼마나 신음하고 고통스러웠는지 모릅니다. 하지만 내가 그 죄를 시인하고 회개했을 때 주님은 내 죄를 지체하지 않고 사하여 주셨습니다. 그리고 그 죄로 말미암아 잃어버린 구원의 즐거움과 자원하는 심령을 다시 회복시켜 주셨습니다. 그러니 당신도 이제 죄 가운데 신음하지 말고 나처럼 '내가 주께 범죄하여 주의 목전에서 악을 행했나이다'라고 고백하세요. 그러면 당신도 어린양의 보혈로 정결함을 얻어 하나님의 용서와 회복의 은총을 경험하게 될 것입니다."

다윗은 자신이 용서받은 사죄의 은총을 자기 혼자만 알고 누리려 하지 않았다. 하나님의 용서로 인한 기쁨과 회복의 은혜를 다른 사람들과 함께 누리기를 원했다.

그런데 이것은 결코 쉬운 일이 아니다. 더구나 절대 권력을 가진 왕이 자신보다 낮은 지위에 있는 백성, 그것도 죄를 지은 범죄자들에게 주의 도를 전한다는 것은 상당히 어려운 일이다. 범죄자들에게 하나님의 용서와 회복의 메시지를 전하려면 먼저 자신이 지은 죄를 말해야 하기 때문이다.

사람은 누구나 자신이 지은 죄를 드러내어 말하려 하지 않는다. 높은 지위에 있는 사람일수록 그렇게 하기가 어렵다. 그래서 대개 끝까지 숨기려고 한다. 자신이 쌓아놓은 부와 명예와 권력을 포기하기가 참으로 어렵기 때문이다.

그런데 다윗은 철저하게 자신을 부인했다. 그리고 여호와 하나님의 은혜만을 바라보았다. 자신이 지은 죄를 범죄자들 앞에서 하나도 빠짐없이 시인했다. 그것을 말하지 않고는 하나님의 용서와 회복의 은총을 전할 수도, 기대할 수도 없었기 때문이다.

다윗은 왜 주의 도를 가르치겠다고 했는가? 거기에는 분명한 목적이 있었다.

"그리하면 내가 범죄자에게 주의 도를 가르치리니 죄인들이 주께 돌아오리이다"(시 51:13).

죄인들을 주께 돌아오게 하려는 것이었다. 다윗은 범죄자들에게 주의 도를 전하고 하나님이 자신의 인생 가운데 베풀어 주신 용서와 회복의 은총을 간증하면 많은 죄인이 주께 돌아오게 될 거라 믿었다.

구원에 갈급한 사람들은 구원의 길만 가르쳐 주면 그 길로 달려간다. 물론 구원의 도를 가르쳐 주어도 마음이 강퍅하여 듣지 않는 사람들도 있다. 그러나 죄 사함과 구원의 길을 가르쳐주면 많은 사람들이 적극적으로 반응한다. 모두 영혼이 곤고하기 때문이다. 치열하게 자신을 위해 살았지만 영원한 안식이 없는 세상의 것은 헛되다는 사실을 깨달았기 때문이다. 그것을 깨닫고 지금도 말씀의 은혜와 기도의 능력에 힘입어 주님께 나아오는 영혼들이 있다.

죄 가운데서 신음하던 다윗은 죄를 용서받은 그 구원의 은총을 홀로 누리려 하지 않았다. 왕으로서 모든 체면과 자존심을 내려놓고 죄 가운데 있는 자들과 함께 나누기를 원했다. 회개의 길잡이가 되기를 원한 것이다.

한번 생각해 보라. 하나님이 인생 가운데 베풀어주신 그 놀라운 죄 사함과 구원의 은총을 다른 사람에게 전하며 나눈 적이 있는가? 그것을 나눌 의향이 있는가? 나누며 살지 않겠는가?

나는 지금 섬기고 있는 오류교회뿐 아니라 하나님의 사명을 받아 생기 있게 주님의 도를 전하는 이 땅의 모든 교회가 하나님의 은혜를 나누는 나눔의 공동체가 되기를 소원한다. 소그룹 모임이 중요한 것은 바로 나눔이 있기 때문이다. 그리스도인들이 주님의 이름으로 교제하는 것은 그저 외로움을 달래거나 사람을 더 사귀려는 사교적인 목적이 아니다. 내가 받은 은혜, 내가 깨달은 은혜, 하나님이 내 인생 가운데 행하신 놀라운 일들을 함께 나누기 위한 것이다. 그러므로 그리스도인들은 서로 만날 때마다 하나님의 은혜를 나눌 수 있어야 한다.

"저도 다윗처럼 넘어졌습니다. 그래서 너무 힘들었습니다. 제 자신이 미웠습니다. 구원의 즐거움도 사라지고 자원하는 마음도 사라졌습니다. 예전에는 예배가 기쁨이고 사모하는 마음으로 순종하며 헌신했는데 어느 날부터인가 마음에 기쁨과 소망이 사라지고 마지못해 관습적으로 예배를 드렸습니다. 그런데 처음 사랑을 회복하라는 설교를 듣고 내 자신이 어디서부터 잘못되었는지를 깨닫게 되었습니다. 그래서 그 죄를 회개했습니다. 그랬더니 주님이 다시 처음 사랑을 회복시켜 주셨습니다."

이 땅의 그리스도인들이 이렇게 자신의 삶을 나누며 회개의 길잡이가 되기를 원한다. 자신이 받은 하나님의 은혜를 가르치고 전하며 함께 누릴 수 있기를 원한다. 그리하여 그 간증을 듣고 많은 사람이 주께 돌아오는 역사가 일어나기를 바란다.

언제나 소리 높여 찬양하라

"주여 내 입술을 열어 주소서 내 입이 주를 찬송하여 전파하리이다"(시 51:15).

구원의 즐거움을 회복시켜 달라고 간구했던 다윗은 이제 입술을 열어 달라고 간구한다. 다윗이 죄 가운데 있을 때 그의 입술이 닫혀 있었던 것이다. 그렇다. 죄를 품고 그 죄 가운데 거하면 가장 먼저 입술이 닫힌다. 그래서 기도가 사라지고 고백이 사라지고 찬양이 사라진다.

거듭난 영혼은 찬양의 입술이 열리지 않을 때, 기도의 입술이 열리지 않을 때의 고통을 안다. 잠을 이루지 못하고 일이 손에 잡히지 않아서 영적으로 신음한다. 반면 거듭나지 않는 사람은 기도의 입술이 열리지 않고 찬양의 입술이 열리지 않아도 대수롭지 않게 넘긴다.

"하나님이여 나의 구원의 하나님이여 피 흘린 죄에서 나를 건지소서 내 혀가 주의 의를 높이 노래하리이다"(시 51:14).

다윗은 "내 혀가 주의 의를 높이 노래하겠다"라고 말한다. 여기서 피 흘린 죄는 밧세바의 남편 우리아를 최전선에 보내어 죽게 한 것이다. 밧세바의 남편을 죽인 그 죄에서 자신을 건져 달라는 것이다.

이어서 다윗은 "주의 의를 높이 노래하리이다"라고 말한다. 주의 의는 하나님의 속성인 하나님의 공의이다. 자신의 죄를 인정하고 참회하는 자에게 용서와 구원을 주시는 하나님의 의로우심을 자신의 혀로 높이 노래하겠다는 것이다. 높이 노래한다는 것은 고음으로 노래한다는 말이 아니라, 있는 힘을 다하고 최선을 다하고 인격을 다하여 주의 의를 노래하겠다는 것이다. 이것은 바로 온 마음을 다해 부르는 정결한 찬송이다.

찬양의 능력을 제대로 알라

다윗은 어떤 사람인가? 주님을 기뻐하고 주님을 노래하는 자이다. 그는 하나님의 임재를 상징하는 언약궤가 예루살렘으로 들어올 때 왕으로서의 체통을 버리고 춤을 추며 하나님을 찬양했다.

성경에서도 다윗의 입술에서 찬양이 떠나지 않았음을 쉽게 볼 수 있다. 시편에는 다윗이 쓴 주옥같은 노래들이 많이 기록되어 있다. 시편 150편의 표제 가운데 '다윗'이 들어간 시는 시편의 절반 정도인 73편이나 된다.

다윗은 하나님이 찬송 중에 거하시는 분이심을 잘 알고 있었다. 그래서 그는 이렇게 노래했다.

"이스라엘의 찬송 중에 계시는 주여 주는 거룩하시니이다"(시 22:3).

그는 전쟁터에 나갈 때도 하나님을 찬양했다. 원수들의 모함을 받을 때도 하나님을 찬양했다. 자기를 죽이려는 자들에게 쫓기면서도 하나님을 찬양했다. 어떤 상황에서도 다윗은 하나님의 섭리를 신뢰하는 찬양의 사람이었다.

사무엘하 23장에는 임종을 맞이하는 다윗이 마지막으로 노래하는 장면이 나온다. 다윗은 그 시에서 자신을 "이스라엘의 노래 잘 하는 자"로 표현한다.

"이는 다윗의 마지막 말이라 이새의 아들 다윗이 말함이여 높이 세워진 자, 야곱의 하나님께로부터 기름 부음 받은 자, 이스라엘의 노래 잘 하는 자가 말하노라"(삼하 23:1).

자신의 신분을 왕보다 '노래 잘하는 자'로 소개할 정도로 다윗은 찬양의 달란트를 가진 사람이었다. 게다가 그는 영감이 있는 찬양 사역자로서 찬양의 능력을 수없이 경험한 사람이었다. 한 예로 다윗이 수금을 타고 하나님을 찬양할 때 사울에게 들린 악신이 떠나가기도 했다.

"하나님께서 부리시는 악령이 사울에게 이를 때에 다윗이 수금을 들고 와서 손으로 탄즉 사울이 상쾌하여 낫고 악령이 그에게서 떠나더라"(삼상 16:23).

다윗은 찬양의 능력을 아는 사람이었다. 그 거룩한 은혜 때문에 입에서 찬양이 떠나지 않았다. 그런데 범죄하고 나니 찬양의 입술이 열리지 않았다. 그토록 풍성했던 찬양의 영감이 사라진 것이다.

그 슬픔을 너무나 절실하게 느끼고 있었기에 하나님의 은혜로 죄 사함의 은총을 경험한 다윗은 다시 주님을 찬양할 수 있도록 "내 입술을 열어 달라"고 간구했다. 다른 이유가 아니라 주를 찬송하며 전파하기 위해서였다. 다윗은 절실하게 찬양의 회복을 간구했다. 찬양을 통한 하나님과의 깊은 교제의 감격을 알았기 때문이다.

인생의 한밤중에 하나님을 찬양하라

하나님의 사람인 우리의 입술에서도 찬양이 떠나지 않아야 한다. 사는 날 동안 평생 끊임없이 하나님을 찬양하며 살아야 한다. 정확하게 하나님이 우리를 지으신 목적이 하나님을 찬양하는 데 있기 때문이다.

"이 백성은 내가 나를 위하여 지었나니 나를 찬송하게 하려 함이라"(사 43:21).

오직 은혜로 나를 구원하신 목적이 바로 하나님을 찬양하는
데 있다는 것이다.

"우리에게 거저 주시는 바 그의 은혜의 영광을 찬송하게 하
려는 것이라"(엡 1:6b).

하나님의 은혜를 받으면 찬양이 끊어질 수가 없다. 하나님의
형상대로 지음 받고 은혜로 구원받은 자들은 날마다 주님을 찬
양한다. 기쁠 때나 슬플 때나 감사할 때나 언제나 하나님을 찬양
한다. 찬양받기 합당하신 주님이 심장에서 터져 나오는 고백을
기뻐 받으시기 때문이다. 하나님은 인생의 한밤중에도 노래하
게 하신다.

"나를 지으신 하나님은 어디 계시느냐고 하며 밤에 노래를
주시는 자가 어디 계시냐고 말하는 자가 없구나"(욥 35:10).

인생의 밤을 만났을 때 하나님의 사람만이 누릴 수 있는 특별
한 은혜가 있다. 그 가운데에서도 주님과 주님의 은혜를 노래할
수 있다는 것이다. 사도행전 16장에는 바울과 실라가 억울하게 누
명을 쓰고 감옥에 갇힌 장면이 나온다. 바울은 온몸이 매찜질을
당해 피로 멍들고 두 발은 차꼬에 채워져 있었다. 아무런 희망이
없는 것 같은 고통 속에서 밤을 보낼 때도 바울과 실라는 절망에

머무르지 않고 기도했다. 그리고 소리 높여 하나님을 찬양했다.

> "한밤중에 바울과 실라가 기도하고 하나님을 찬송하매 죄수
> 들이 듣더라"(행 16:25).

바울과 실라는 한밤중에 다른 죄수들이 들을 정도로 하나님
을 찬송했다. 그리고 그때 놀라운 일이 일어났다.

> "이에 갑자기 큰 지진이 나서 옥터가 움직이고 문이 곧 다
> 열리며 모든 사람의 매인 것이 다 벗어진지라"(행 16:26).

이스라엘의 찬송 중에 거하시는 하나님이 그 현장 가운데 강
하게 임재하신 것이다. 얼마나 강력하게 임했는지 누가는 큰 지
진이 나서 옥터가 흔들릴 정도라고 기록했다. 옥문이 다 열리고
모든 사람의 매인 것이 다 벗어질 정도였다.

지금 그리스도인들이 서 있는 곳도 마찬가지이다. 우리가 찬
양을 드리면 하나님이 그곳에 임재하신다. 하나님이 임재하시
면 인생이 송두리째 흔들린다. 굳게 닫혀 있던 문들이 열리고 매
인 것이 벗어지기 시작한다. 바울과 실라가 있던 감옥의 간수처
럼 하나님이 행하신 일로 인해 많은 사람이 주 예수를 믿고 구
원을 받는 역사가 일어난다.

인생의 밤을 만났는가? 두려워하지 말고 낙심하지도 말라. 밤

은 반드시 지나간다. 곧 찬란한 햇살이 비치는 아침이 올 것이다. 야곱의 인생처럼 브니엘의 아침이 다가올 것이다. 그러니 인생의 밤을 만났다고 해서 절대 인생을 포기하지 마라. 도리어 밤중에 노래하게 하시는 하나님을 찬양하라.

사람들은 인생에 거대한 풍랑이 일고 욥과 같은 고난을 당하면 "이제 내 인생은 끝났다"라고 말한다. 자신이 빠져나올 수 없는 동굴에 갇혀 있다고 생각하기 때문이다. 그러나 우리는 동굴에 갇힌 자가 아니라 주님과 함께 터널을 통과하고 있는 자이다.

다시 한 번 강조한다. 인생의 밤을 두려워하지 마라. 막막한 상황에 닥쳤을 때 소망이 보이지 않는다고 포기하지 마라. 도리어 인생의 밤 가운데서 바울과 실라처럼 하나님을 찬양하라. 밤이 깊을수록 더욱 하나님을 찬양하라. 그것이 깊은 밤을 헤쳐나갈 힘이 될 것이다.

모든 문제의 해답은 그 문제를 주관하시는 하나님으로부터 나온다. 우리가 하나님을 찬양하면 찬송 중에 거하시는 하나님이 우리의 삶의 현장 가운데 임재하실 것이다. 우리의 인생의 목적은 무엇인가를 이루어내는 것이 아니다. 주님을 노래하는 존재로 하나님을 찬양하는 것이다. 그때 하나님의 거룩하신 능력이 빛으로 우리의 인생을 비출 것이다. 그러므로 마음껏 주님을 찬양하며 하나님의 임재를 경험하는 인생이 되기를 바란다.

. . . . .

하나님이 찾으시는 사람은
상한 심령을 가진 자이다.
죄로 인하여 상하고 통회하는
마음을 가진 자이다.
하나님은 우리의 슬픔을 기쁨으로,
우리의 절망을 희망으로 바꾸시는
능력의 주이시다.

산산조각이 나야 새 것으로 바꿀 수 있다

다윗은 찬양의 사람이고 예배의 사람이었다. 목마른 사슴이 시냇물을 찾기에 갈급함같이 다윗은 성전에 나아가 예배드리는 것을 사모했다. 자기 아들 압살롬의 반란으로 예루살렘을 떠나 있을 때도 그는 오직 한 가지 일 곧 하나님의 전에 나아가 예배드리는 것을 사모하며 간구했다.

"내가 여호와께 바라는 한 가지 일 그것을 구하리니 곧 내가 내 평생에 여호와의 집에 살면서 여호와의 아름다움을 바라보며 그의 성전에서 사모하는 그것이라"(시 27:4).

시편 51편은 다윗이 아들 압살롬의 반란 때문에 피난을 가 있는 상태에서 쓴 내용이다. 그를 따르고 칭송하던 백성도 다윗의 시대는 끝났다며 아들 압살롬을 향했다. 이때 다윗은 주님 앞에 간절히 구했다.

당장 필요한 반란군을 몰아내고 잃어버린 왕권을 다시 찾는 것과 자신을 떠난 민심 회복을 위해 기도하지 않았다. 그는 오직 한 가지, 하나님의 전에 나아가 예배드리는 것만을 사모하며 기도했다. 예배가 회복되면 모든 것이 회복될 수 있음을 믿었기 때문이다. 전쟁 중에도 온전한 드림을 기억하고 찬미를 사모하는 다윗은 진정 하나님이 기뻐하시는 예배의 사람이었다.

예배드리는 그 마음이 중요하다

그런데 본문을 보면 뜻밖의 상황이 펼쳐진다. 온전히 하나님만 예배하기를 소망하던 다윗이기에 이 고백이 사뭇 낯설기까지 하다.

> "주께서는 제사를 기뻐하지 아니하시나니 그렇지 아니하면 내가 드렸을 것이라 주는 번제를 기뻐하지 아니하시나이다"(시 51:16).

'성전' 하면 '제사'가 떠오르고 '제사' 하면 하나님과의 만남이 떠오르는 시대에 다윗은 하나님이 제사를 기뻐하지 않으신다고 말한다. "기뻐하지 않으신다"라는 말은 하나님이 '그 제사와 제물에 아무런 관심조차 없으시다'라는 뜻이다.

우리가 잘 아는 것처럼 하나님은 예배하는 자를 찾으신다. 그래서 예수님은 정욕에 목말라 하던 사마리아 여인이 목마르지 않는 생수를 달라 할 때 이렇게 말씀하셨다.

"아버지께 참되게 예배하는 자들은 영과 진리로 예배할 때가 오나니 곧 이 때라 아버지께서는 자기에게 이렇게 예배하는 자들을 찾으시느니라"(요 4:23).

또한 하나님은 예배하는 자에게 복을 주신다. 솔로몬이 어떻게 세상에서 가장 뛰어난 지혜를 얻게 되었는가? 어떻게 구하지 아니한 부귀와 영화까지 누리게 되었는가? 바로 하나님이 기뻐하시는 예배, 일천 번제를 드렸기 때문이다. 예배는 의무이기 전에 하나님의 자녀 된 자만이 누릴 수 있는 최고의 특권이다.

하지만 하나님은 우리의 모든 예배를 받지는 않으신다. 하나님은 예배 가운데 거하시고 예배하는 자를 찾으시지만 받지 않으시는 예배도 있다.

대표적인 예가 가인과 아벨의 이야기이다. 두 형제가 제사를 드렸지만, 하나님은 아벨의 제사는 받으시고 가인의 제사는 받지 않으셨다.

"여호와께서 아벨과 그의 제물은 받으셨으나 가인과 그의 제물은 받지 아니하신지라"(창 4:4b-5a).

그 이유가 무엇인가? 히브리서 기자는 이렇게 말한다.

"믿음으로 아벨은 가인보다 더 나은 제사를 드림으로 의로운 자라"(히 11:4).

이사야 선지자도 하나님이 받지 않으시는 제사에 대하여 분명하게 언급한다.

"너희가 내 앞에 보이러 오니 이것을 누가 너희에게 요구했느냐 내 마당만 밟을 뿐이니라"(사 1:12).

그들은 하나님께 빠짐없이 제사를 드리며 무수한 제물을 드렸다. 의식과 습관과 형식을 따라 제사를 지내면서 하나님이 그 제사를 기쁘게 받으시는 줄 알았다. 성전에 나아와 얼굴을 보이고 제물을 드리면 하나님이 그 예배를 모두 흠향하시는 줄 알았다.

그러나 하나님은 이 제사를 받지 않으시겠다고 했다. 정결하게 예배할 마음 없이 보여주기 식으로 여호와의 제단 마당만 밟고 가기 때문이다. 요즘으로 치면 "하나님, 저 오늘 예배드렸습니다" 하며 눈도장만 찍고 돌아가는 격이다. 어떤 이들은 이 구절을 해석하며 이런 예배는 단지 형식만 빛나는 헛된 제사를 넘어 성전을 짓밟고 유린하여 하나님을 격노케 하는 것이라고 말하기도 한다.

시편에서도 하나님은 제사를 기뻐하지 않으시고 그 제사를 받지 않으신다고 했다.

> "주께서는 제사를 기뻐하지 아니하시나니 그렇지 아니하면 내가 드렸을 것이라 주는 번제를 기뻐하지 아니하시나이다"(시 51:16).

하나님은 제사 자체를 기뻐하시는 것이 아니다. 제사의 형식보다 제사를 드리는 자의 마음과 태도를 더 중요하게 생각하시는 것이다.

상한 심령으로 나아가라

그러면 하나님이 받으시는 제사는 어떤 제사인가? 신약의 표현으로 하나님이 받으시는 예배는 어떤 예배인가?

> "하나님께서 구하시는 제사는 상한 심령이라"(시 51:17a).

하나님이 원하시는 제사는 상한 심령으로 드리는 제사이다. 그렇다면 여기서 말하는 상한 심령은 무엇인가?

"하나님이여 상하고 통회하는 마음을 주께서 멸시하지 아니
하시리이다"(시 51:17b).

　그것은 상하고 통회하는 마음이다. "상하고"로 번역된 단어는
'산산조각 나다'라는 뜻을 가지고 있다. 즉 죄로 인하여 강퍅해지
고 단단하게 굳은 마음이 산산조각 나는 것을 말한다.
　"통회하는"으로 번역된 단어는 '상처 입다', '괴롭히다', '무너
지다', '파괴하다' 등의 뜻을 가지고 있다. 그래서 상하고 통회하
는 마음은 자신이 지은 죄로 인하여 그 마음이 상처를 입고 괴
로워하는 것이다. 바로 그것이 상처 입은 심령이다. 하나님의 은
혜를 받기에 전혀 어울리지 않는 죄악 된 자신의 모습과 처지를
바라보고 아파하며 상처받은 마음인 것이다.
　좀 더 구체적으로, 상한 심령이란 내가 분명히 예수님을 믿어
하나님의 자녀가 되었지만 여전히 내 안에 있는 분노, 미움, 탐
욕, 시기, 질투, 용서하지 못함, 조급함, 음란, 게으름 등으로 인
하여 하나님 앞에서 아파하는 마음을 말한다.
　그러므로 예배를 드리면서 빛 되신 하나님께 가까이 나아가야
한다. 그러한 자는 하나님의 임재 속에서 자신의 죄 때문에 절망
하며 탄식할 수밖에 없다. 이사야 선지자는 웃시야 왕이 죽던 해
에 보좌에 앉으신 하나님의 영광을 보았다. 천사들이 두 날개로
얼굴을 가리우고, 또 두 날개로는 발을 가리우고, 다른 두 날개
로는 날면서 하나님을 "거룩하다 거룩하다 거룩하다" 찬양했다.

"그때에 내가 말하되 화로다 나여 망하게 되었도다 나는 입술이 부정한 사람이요 나는 입술이 부정한 백성 중에 거주하면서 만군의 여호와이신 왕을 뵈었음이로다"(사 6:5).

이사야는 선지자이다. 하나님의 말씀을 대언하는 자이다. 그의 입술이 부정하면 얼마나 부정하겠는가? 그런데 거룩하신 하나님 앞, 빛 되신 주님의 임재 속에 들어가니 자신의 허물과 죄악이 보이기 시작했다. 그래서 "화로다 나여 망하게 되었도다 나는 입술이 부정한 사람이로다"라고 탄식한 것이다.

세리 vs 바리새인

성경에는 상한 심령, 상처 입은 심령으로 하나님 아버지 앞에 나아간 사람이 나온다. 바로 세리이다. 누가복음 18장의 바리새인과 세리가 함께 기도하러 성전에 올라간 이야기가 그 내용이다.

먼저 바리새인이 따로 서서 기도한다. 죄인 중의 죄인인 세리와 함께 기도한다는 것 자체가 싫었기 때문이다. "따로"라는 말이 무엇을 뜻하는가? 자신은 다른 사람들과는 질적으로 다르다는 것이었다.

바리새인은 율법을 지켜 행하고 있다는 영적인 우월감 때문에 다른 사람들을 무시했다. 다른 사람을 차별하고 있었던 것이다. 그래서 이렇게 기도했다.

"하나님이여 나는 다른 사람들 곧 토색, 불의, 간음을 하는 자들과 같지 아니하고 이 세리와도 같지 아니함을 감사하나이다 나는 이레에 두 번씩 금식하고 또 소득의 십일조를 드리나이다"(눅 18:11-12).

그는 자신이 세리와 같지 아니하다며 그 사실로 감사했다. 그리고 일주일에 두 번 금식하고 소득의 십일조를 드린다고 했다. 바리새인은 지금 자신의 의와 업적을 가지고 하나님께 나아가려고 한 것이다.

반면 세리는 이렇게 기도했다.

"세리는 멀리 서서 감히 눈을 들어 하늘을 쳐다보지도 못하고 다만 가슴을 치며 이르되 하나님이여 불쌍히 여기소서 나는 죄인이로소이다"(눅 18:13).

세리는 자신이 너무나 많은 죄를 지었다는 것을 잘 알고 있었다. 그래서 바리새인과 같이 성전의 뜰에도 들어가지 못하고 이방인의 뜰에 서서 감히 하늘을 우러러 보지도 못한 채 다만 자신의 가슴을 내리쳤다. 당시 사람들은 가슴을 죄의 자리로 간주했다. 그래서 가슴을 내리친 것은 죄에 대한 뉘우침과 비통함을 나타내는 것이다. 그리고 말씀에서 "치며"라는 말이 미완료형으로 되어 있는데, 그것은 한 번만 내리친 것이 아니라 계속 반복해서 가슴을 내리쳤음을 뜻한다. 그리고 세리는 "하나님이여 불쌍히 여기소서 나는 죄인이로소이다"라고 고백했다.

"누가 뭐라고 해도 나는 죄인입니다. 지옥의 불못에 떨어져도 왜 나만 지옥에 떨어져야 하느냐며 항변할 수 없는 죄인입니다. 나를 불쌍히 여겨 주십시오!"

이 두 사람 중 누가 상한 심령의 소유자인가? 누가 상처 입은 심령인가? 너무나 분명하게 알 수 있다. 자신의 죄인 됨을 인정하고 그 죄 때문에 마음 아파했던 세리이다. 그래서 주님은 자신의 의를 가지고 나아갔던 바리새인이 아니라 "나는 죄인이로소이다. 나를 불쌍히 여기소서"라고 고백한 세리를 의롭다 하셨다.

"내가 너희에게 이르노니 이에 저 바리새인이 아니고 이 사람이 의롭다하심을 받고 그의 집으로 내려갔느니라"(눅 18:14a).

오늘 우리에게 필요한 것은 바로 상한 심령이다. 상한 심령을 가진 자에게만 복음이 진짜 복음이 될 수 있다. 누구보다 더 의롭게 살고 있다는 사람에게, 양심대로 인생을 살고 있다는 사람에게 복음이 무슨 감격이 되겠는가? 죄로 인하여 마음이 상한 자에게만 복음이 복음 될 수 있는 것이다. 그래서 하나님은 죄로 인하여 심령이 상한 자를 찾으시고 마음이 상한 자의 예배를 받으시는 것이다.

하나님이 찾으시는 사람은 완전한 자가 아니다. 위대한 자가 아니다. 하나님이 찾으시는 사람은 상한 심령을 가진 자이다. 죄로 인하여 상하고 통회하는 마음을 가진 자이다.

상한 심령을 가까이하시는 그 은혜

다윗도 처음에는 이 사실을 몰랐다. 그래서 한동안 상한 마음 없이 제사를 드린 적이 있었다. 그러나 죄를 짓고 난 다음 영적인 침체를 경험하고, 하나님 앞에 그 죄를 참회하면서 놀라운 사실을 깨달았다.

그것은 바로 애통함과 깨어짐이 있는 겸손함, 즉 상한 심령으로 드리는 예배를 하나님이 기뻐하신다는 사실이다. 아무리 질서가 잡혀 있고 겉이 화려한 예배를 드려도 중심에 진실함이 없다면 하나님은 그 제사는 받지 않으신다. 하나님이 구하시는 제사는 정결하고 가난하며 겸손한 마음으로 드리는 것이다.

우리는 왜 상한 심령이 되어야 하는가? 첫 번째, 주님이 상한 심령을 멸시하지 않으시기 때문이다.

"하나님이여 상하고 통회하는 마음을 주께서 멸시하지 아니하시리이다"(시 51:17b).

누군가 죄에 넘어지면 사람들은 너무나 쉽게 그 사람을 정죄한다. 자신 안에 동일하게 연약한 죄성이 있는데도 그의 허물을 판단하고 멸시한다. 때로는 과격한 행동을 보이기도 하는데 자신과 신념이 다르다는 이유로 징치적으로 압박하기 위해 피켓을 들고 나아가 공격하거나 심지어는 폭력을 사용하는 것이 바로 그러한 예이다. 그러나 하나님은 죄로 인하여 상하고 통회하는 마음을 멸시하지 않으신다. 도리어 안아주시고 위로하시며 상한 심령으로 드리는 예배를 기쁘게 받으신다.

또 우리가 상한 심령이 되어야 하는 이유는 하나님이 마음이 상한 자를 가까이 하시기 때문이다.

"여호와는 마음이 상한 자에게 가까이 하시고 충심으로 통회하는 자를 구원하시는도다"(시 34:18).

다윗은 간음과 살인죄를 지었지만 무너지거나 망하지 않았다. 하나님의 마음에 합한 자가 되었다. 자신의 죄를 철저하게 자복하는 회개를 통하여 하나님께 더 가까이 나아갈 수 있었기 때문이다. 하나님은 마음이 상한 다윗을 멸시하지 않으시고 더욱 가까이 하여 주셨다. 그렇다. 하나님은 죄를 짓지 않고 자신의 의를 가진 자보다 죄를 지어서 마음이 상한 자를 더욱 가까이하시고 그를 구원하신다.

그러므로 죄를 지어서 자신의 인생을 거룩하지 않다고 스스로 비하하거나 쉽게 포기하지 마라. 사람이 멸망당하는 것은 죄 때문이 아니라 그 죄를 회개하지 않고 상한 심령으로 주께 나아가지 않기 때문이다. 하나님은 언제나 돌이켜 회개하는 자, 하나님의 뜻을 분별하고 귀기울이는 자를 품에 안아주시려고 한결같이 두 팔을 벌리고 기다리신다.

마지막으로 우리가 상한 심령이 되어야 하는 이유는 그렇게 해야 하나님 나라를 누릴 수 있기 때문이다. 예수님은 팔복을 말씀하시면서 심령이 가난한 자에게 천국을 약속하셨다.

> "심령이 가난한 자는 복이 있나니 천국이 그들의 것임이요"(마 5:3).

심령이 가난한 자는 누구인가? 자신의 죄인 됨을 인정하는 자이다. 주님의 은혜가 아니면 구원 받을 수도 없고 살아갈 수도 없다고 고백하는 자이다. 자신의 죄로 인하여 마음이 상한 자를 말하는 것이다. 주님은 이렇게 마음이 가난한 자에게 천국을 약속하셨다. 우리가 생각하는 선한 사람, 능력 있는 사람에게 천국을 약속하신 것이 아니다.

복음서에서도 볼 수 있듯이 예수님이 이 땅에 계시는 동안 스스로 의롭다고 뽐내던 자들은 천국을 소유하지 못했다. 종교 생활에 열심을 내던 자들도 마찬가지로 천국을 소유하지 못했다. 그렇다면 과연 누가 먼저 하나님 나라를 경험했는가? 죄인의 대명사로 불렸던 세리와 창녀들이다. 그들이 먼저 하나님 나라를 맛보았다.

"내가 진실로 너희에게 이르노니 세리들과 창녀들이 너희보다 먼저 하나님의 나라에 들어가리라"(마 21:31b).

　　하나님의 하나님 되심을 증거하며 살아가는 이 땅의 모든 그리스도인이 자신의 죄로 인하여 심령이 상한 자들이 될 수 있기를 원한다. 우리 하나님은 자기의 의를 가지고 나아오는 사람을 멸시하시고 자신의 죄로 인하여 마음이 상하고 통회하는 자를 멸시하지 않으시기 때문이다. 그분은 마음이 상한 자를 가까이 하시고 구원하신다. 상한 심령으로 예배드리는 자의 예배를 받으시는 것이다. 바로 그러한 자가 이 땅에서 천국을 누리며 맛볼 수 있을 것이다.

. . . . .

내가 얼마나 연약한 존재인지를 아는 것은
온 우주를 아는 지식보다
더 근원적이고 귀한 것이다.
이 깨닭음을 아는 사람은 물맷돌 하나만
가져도 주저함이 없다.

2016 브라질 리우올림픽 펜싱부문 에페 결승에서 박상영 선수가 세계 랭킹 3위인 헝가리의 임레 게저(Imre Géza)와 겨루어 금메달을 따냈다. 에페 종목에서의 금메달은 우리나라 최초였다. 에페 종목은 두 선수가 모두 공격이 성공하면 동시에 득점을 인정하는 종목이라서 10대 14로 뒤졌을 때 모두 승리에 대한 기대를 접고 있었다. 그런데 이후 박상영 선수는 거짓말같이 연속 5점을 따내며 역전 드라마를 완성했다.

과연 이런 박상영 선수의 영광이 거저 얻어진 것인가? 그렇지 않다. 박 선수는 올림픽 전에 십자인대 파열이라는 치명적인 부상을 당했다. 그것이 그의 연약함이 되어 경기에 출전할 기회를 잃었고 세계 랭킹도 떨어졌다.

그러나 그는 좌절하지 않았고 차분하게 회복에 심혈을 기울였다. 그가 회복하는 데는 코치와 트레이너들의 공이 컸다. 태릉선수촌에 머물며 처음부터 다시 체력을 기르고 근력을 만들면서 지난한 시간을 이겨냈다. 사랑하는 사람들의 돌봄이 있었기에 그가 올림픽이라는 꿈의 무대에 설 수 있었던 것이다. 그의 회복을 위한 수많은 땀과 노력은 보지 못했지만 경기를 통해 느낄 수 있었다.

마지막 경기를 앞두고 박상영 선수가 "나는 할 수 있다"라고 읊조리는 모습을 모두 기억할 것이다. 이 장면 때문에 많은 사람이 위로와 힘을 얻고 감동을 받았다. 그의 입술을 통해 수많은 사람에게 용기가 전해진 것이다. 생각해보면 그가 "할 수 있다"라고 말한 것은 "나는 완전히 회복되어 최선을 다할 수 있다"라고 한 것과 같다.

회복은 입술에서 시작된다

영적 회복의 열매는 가장 먼저 입술에서 나타난다. 다윗은 지은 죄로 인하여 대적들로부터 비난과 조롱과 핍박을 받고 육신의 질병으로 인하여 고통을 당했다. 그때 다윗은 다짐했다. "내가 혀로 범죄하지 않으리라."

욥도 마찬가지였다. 하루아침에 전 재산과 7남 3녀의 자녀 열 명을 모두 잃고 악성 피부병에 걸렸다. 아내는 "하나님을 욕하며 죽으라"고 그에게 저주까지 했다. 하지만 욥은 이 모든 일에 입술로 범죄하지 않았다.

하나님의 사람은 인생 가운데 고난을 당하고 이해할 수 없는 일이 일어났을 때 다윗이나 욥처럼 입술로 범죄하지 않겠다고 다짐해야 한다. 가장 먼저 입술을 지켜야 하는 것이다. 입술을 지키는 훈련이야말로 영적 회복의 분명한 열매이고 거룩한 삶을 사는 중요한 분별력이다.

하지만 타락한 죄성을 가진 우리는 고난을 만나고 어려움을 경험할 때 나도 모르게 불평과 원망의 말부터 먼저 하고 부정적인 말을 하기 쉽다. 다윗은 "내가 잠잠하여 선한 말도 하지 아니하니 나의 근심이 더 심하도다", "마음속에 끓어오르는 분노가 생겼다"라고 말했다. 이를 통해 고난 가운데 악인 앞에서 입술을 지켜 혀로 범죄하지 않는 것이 얼마나 힘들고 어려운 것인지를 알 수 있다. 그러므로 우리는 성령님의 내주하심을 구해야 한다. 우리의 회복은 우리를 위한 기도를 아끼지 않으시는 성령님의 권능을 통해 발현되기 때문이다.

"내가 잠잠하고 입을 열지 아니함은 주께서 이를 행하신 까닭이니이다"(시 39:9).

다윗은 조롱과 핍박을 받고 육체의 질병으로 고통당했다. 그럼에도 입을 열지 아니함은 주님이 자신을 징계하셨기 때문이라고 말한다. 철저하게 하나님의 주권과 섭리를 믿음으로 자신의 입술을 지킨 것이다.

또한 다윗은 사람에게는 입을 닫고 침묵했지만 하나님을 향하여는 입술을 열어 기도했다. 하나님은 우리와의 관계가 회복되기를 바라신다. 주님의 뜻을 기뻐하며 친밀한 교제 가운데 거하기를 원하신다. 다윗은 그 사실을 알았기에 주님의 주권과 섭리를 믿음으로 입술을 지키고자 했던 것이다.

하나님을 향하여 입술을 열라

이제 악인 앞에서 재갈을 먹이면서까지 침묵하던 다윗이 드디어 하나님을 향하여 입술을 여는 장면이 나온다.

"나의 혀로 말하기를"(시 39:3b).

한나도 아이를 낳지 못해 브닌나에게 괄시를 받고 마음이 괴로울 때 성전에 올라가 하나님을 향하여 입을 열어 기도했다.

"한나가 마음이 괴로워서 여호와께 기도하고 통곡하며"(삼상 1:10).

다윗과 한나가 그러했듯이 하나님의 사람은 화가 치밀어 오르고 이해할 수 없는 일이 생기거나 마음이 너무 고통스럽고 괴로울 때, 인간의 모든 연약함을 친히 경험하신 예수님 앞으로 나아가야 한다. 사람이 아니라 하나님 앞으로 나아가 그 아픔과 고통을 토로해야 하는 것이다.

그래도 화가 풀리지 않으면 사람이 아닌 문제를 공격해야 한다. 돈 때문이면 그 돈과 내면의 탐욕을 공격하고, 정욕 때문이면 그 정욕과 음란한 영을 공격하는 것이다. 이처럼 그리스도인은 할 수만 있으면 사람에 대하여는 입술을 닫고 하나님의 보좌를 향하여는 입술을 크게 열어야 한다. 그렇게 할 때 우리의 혀, 입술의 영성을 지킬 수 있다.

대적들의 비난과 핍박, 육체의 질병으로 인한 고통 중에도 사람에 대하여 침묵하던 다윗이 드디어 하나님을 향하여 입술을 열어 기도하기 시작한다.

> "여호와여 나의 종말과 연한이 언제까지인지 알게 하사 내가 나의 연약함을 알게 하소서"(시 39:4).

다윗은 원수로 인하여 마음에 근심이 더하여지고 화가 치밀어 오를 때 "나를 비난하고 비방하는 자를 제거하여 주십시오", "나의 원수를 갚아 주십시오"라고 기도하지 않았다. "주님, 끝까지 인내하게 하소서! 평강을 주소서!"라고 기도하지도 않았다. 그저 "나의 연약함을 알게 하소서"라고 기도했다. 자신이 얼마나 연약한 존재인지를 알게 해달라고 기도한 것이다.

그런데 우리가 아는 다윗은 결코 연약한 사람이 아니다. 어린 시절 목동으로 양떼를 칠 때도 사자와 곰이 나타나 양의 새끼를 물어 가면 목숨을 걸고 따라가서 사자의 입을 찢고 그 입에서 새끼를 건져냈던 사람이었다.

또한 물맷돌을 가지고 나아가 3m나 되는 거인 골리앗을 무너뜨린 사람이었다. 수많은 전쟁에서 패배를 모르고 승리한 사람이요, 통일 왕국을 이룬 막강한 권력자였다. 그런 다윗이 자신의 연약함을 두고 기도한 것이다. 오늘날에도 사람들은 강한 자가 되려고 물질, 건강, 출세와 성공을 구한다. 그러나 다윗은 자신을 향한 긍휼함을 구한 것이다.

왜 이 기도가 중요한가? 자기의 연약함을 아는 자만이 교만하지 않고 온전히 하나님을 의지할 수 있기 때문이다. 허세를 부리지 않고 성공적인 인생을 살 수 있기 때문이다. 그리하여 예수 그리스도 안에서 강한 자가 되고 하나님께 소망을 둘 수 있기 때문이다. 그러므로 내가 얼마나 연약한 존재인지를 아는 것은 온 우주를 아는 지식보다 더 근원적이고 귀한 것이다. 하나님의 위로가 임하는 은혜의 자리이기 때문이다.

나의 연약함을 인정하라

다윗은 자신의 종말과 짧은 인생을 통해 자신의 연약함을 알기를 원했다.

"여호와여 나의 종말과 연한이 언제까지인지 알게 하사 내가 나의 연약함을 알게 하소서"(시 39:4).

"종말"은 인생의 마지막을 말하며 "연한"은 자신의 남은 수명을 말한다. 이 기도는 언젠가는 자신이 죽는다는 것과 남은 수명이 짧다는 것을 알게 해 달라는 것이다. 또한 자신이 무한한 존재, 영원히 살아 있는 존재가 아니라 잠시 이 땅에 머물고 있는 나그네라는 사실을 상기시켜 달라는 말이다. 한마디로 인생무상을 통해 자신의 연약함을 알게 해달라는 것이다.

그런데 속살을 파헤쳐 보면 그렇게 단순하지 않다. 인생의 끝이 언제인지 하나님께 늘 묻고 의식하며 살게 해 달라는 기도인 것이다. 그래서 다윗은 주님께 물었다. "주님이 나를 부르시는 그때가 언제입니까?" 우리 역시 그렇게 물어야 한다. "내 인생의 끝은 언제입니까?" 그래야 인생을 더 지혜롭게 살 수 있다.

일찍이 모세는 이렇게 기도했다.

"우리에게 우리 날 계수함을 가르치사 지혜로운 마음을 얻게 하소서"(시 90:12).

"지혜로운 마음"이 무엇인가? 자신의 인생의 남은 날을 계수하는 것이다. 이미 카운트다운은 시작되었다. 우리가 아무리 부정해도 우리 인생의 종말은 점점 다가오고 있다. 그 누구도 자신이 언제 어디서 어떤 모습으로 생을 마감할지 모른다. 하지만 죽는다는 사실은 분명하고 부정할 수 없다. 우리는 모두 죽음의 순간을 향하여 달려가고 있다. 심하게 이야기하면 우리 모두 시한부 인생을 살고 있는 셈이다.

그런데 우리는 죽음과 상관없는 것처럼 살아간다. 성경에 분명히 "한 번 죽는 것은 사람에게 정해진 것이요 그 후에는 심판이 있다", "초상집에 가는 것이 잔치 집에 가는 것보다 낫다"라고 나와 있지만, 죽음에 대해서는 별 걱정 없이 살아간다.

하지만 다윗은 달랐다. 그는 자신의 종말과 연한을 통해 연약함을 알고 싶어 했다. 연약함은 '버려지다', '결핍되다'라는 단어와 관련이 있다. 다윗은 하나님의 징계로 마치 버려진 것처럼 비참한 상태였던 것이다. 이런 상황에서 그는 오히려 더욱 뼈저린 현실 자각을 요청했다. 이것은 자신의 연약함을 절감하면서 주님의 자비와 긍휼하심으로 자신을 구해달라는 간구였다. 다윗은 지금 "내 혀로 범죄치 아니하겠다"라고 선포한 것을 실행하고자 회복에 대해 몸부림치며 처절한 내적 투쟁을 하고 있는 것이다.

자신의 연약함을 알게 해 달라고 기도했던 다윗은 이제 자신의 종말과 연한이 어떠한지 말한다.

"주께서 나의 날을 한 뼘 길이만큼 되게 하시매 나의 일생이 주 앞에는 없는 것 같사오니"(시 39:5a).

다윗은 하나님 앞에서 우리의 인생이 "한 뼘 길이만큼"이라고 말한다. 고대 히브리 사회에서 길이를 재는 가장 기본 단위는 바로 한 뼘이었다. 한 뼘은 엄지를 제외한 네 손가락의 넓이로, 대략 7.5cm밖에 되지 않는다. 한 뼘 길이는 유대인들이 가장 짧다는 표현을 할 때 자주 사용하는 말이다. 즉 이 짧은 '네 손가락'이 가리키는 것이 다름 아닌 우리의 인생이라는 것이다. 영원하신 하나님 앞에서 우리 인생의 날들은 없는 것 같다는 다윗의 고백이 더 선명하게 다가온다.

우리의 인생은 한 뼘 길이만큼 짧고 영원하신 하나님 앞에서는 없는 것 같다. 그래서 사람은 든든히 서 있는 때도 모두 "허사"뿐이라고 말한다.

"사람은 그가 든든히 서 있는 때에도 진실로 모두가 허사뿐이니이다"(시 39:5b).

"든든히 서 있는 때"는 인생 최고의 순간, 즉 전성기를 말한다. 살다 보면 그러한 때가 있다. 최고로 건강한 때, 최고로 부요한 때, 최고로 성공한 때가 그때이다. 그런데 그 최고의 순간도 모두 허사뿐임을 알아야 한다.

'허사'는 히브리어로 '헤벨'(הֶבֶל)이라는 단어이다. 이 말의 뜻은 '입김', '호흡'이다. 추운 겨울 아침에 숨을 내쉬면 입김이 나온다. 그런데 그것은 한순간 사라지고 만다. 이러한 입김이 우리의 인생과 같다는 것이다. 한순간의 입김처럼 잠시 보이다가 사라지는 것이 바로 인생인 것이다.

또한 다윗은 인생을 "그림자"로 묘사했다.

"진실로 각 사람은 그림자 같이 다니고 헛된 일로 소란하며 재물을 쌓으나 누가 거둘는지 알지 못하나이다"(시 39:6).

다윗은 인생이 그림자라는 사실을 발견했다. 인생뿐만 아니라 지니고 있는 모든 소유가 마치 그림자와 같다는 사실을 깨달았다. 그림자는 허상이다. 한 나라의 왕으로서 자신이 누렸던 권세와 명예, 부귀와 영화, 지혜와 지식, 힘과 재능, 모든 소유가 한낱 그림자에 불과하다는 것이다.

그림자는 실체가 아니다. 어렸을 때 그림자놀이를 하던 기억이 있다. 그림자가 잡히는가? 잡혔다가도 달아나지 않는가? 잡힐 듯 잡히지 않고 잡혀도 또 달아나는 것이 그림자이다. 그런데 이 세상의 모든 것이 그러하다. 결국에는 어디론가 허무하게 사라지는 것이다.

재물이라는 그림자는 더욱 그렇다. 다윗은 그림자 같은 인생을 사는 사람들의 행동을 꼬집었다.

"헛된 일로 소란하며 재물을 쌓으나 누가 거둘는지 알지 못하나이다"(시 39:6b).

맘모니즘(mammonism) 시대를 살아가는 현대인들은 돈이 곧 행복이라고 여긴다. 그래서 돈이라는 그림자를 어슬렁어슬렁 찾아다닌다. 돈 때문에 사람을 미워하기도 하고 심지어는 사람을 죽이기까지 한다. 아침부터 저녁까지 돈을 버느라 얼마나 많은 수고를 하는지 모른다. 가족과 교제를 나눌 시간도 없고 참된 안식을 누리지도 못한다. 돈 때문에 잃어버린 것이 많지만 여전히 시선은 돈에만 쏠려 있다.

물론 열심히 돈을 벌거나 모으는 것이 잘못된 것은 아니다. 돈은 우리 삶에 절대적으로 필요한 삶의 수단이다. 성경에는 재물과 관련된 말씀이 2,300개가 넘게 기록되어 있다. 또한 예수님이 말씀하신 비유 38개 중 16개가 재물과 관련된 것이다. 그만큼 돈과 재물은 우리와 뗄 수 없는 아주 중요한 삶의 수단인 것이다.

돈이나 재물은 쉽게 우리 마음을 빼앗는다. 그래서 사람들이 그 돈을 사랑하게 만든다. 그 재물을 주인으로 삼아 돈의 지배를 받으며 살게 한다. 성경에는 이런 내용이 있다

"돈을 사랑하지 말고 있는 바를 족한 줄로 알라"(히 13:5a).

다윗 역시 돈은 그림자와 같다고 말한다. 그토록 수고하여 얻은 물질이지만 내 소유가 될 수 없고 누가 그것을 취할지도 모른다는 것이다. 돈 버는 사람 따로 있고 쓰는 사람 따로 있다. 어

떤 사람은 열심히 벌기만 하지 써 보지도 못하고 죽는다. 그러나 그렇다고 그 돈의 가치가 사라지는 것은 아니다.

서양 속담에 "수의에는 주머니가 없다"라는 말이 있다. 죽을 때 입고 가는 수의에는 주머니가 없다. 죽을 때 아무것도 가지고 가지 못하는 것이다. 그래서 알렉산더 대왕(Alexander the Great)은 죽을 때 이런 유언을 남겼다.

"내가 죽으면 관에 구멍을 뚫고 내 두 손을 내놓게 하라 그리고 모든 백성이 보게 하라."

더는 정복할 땅이 없어서 울었다는 알렉산더 대왕도 결국 빈손으로 갔다. 아무리 발버둥 쳐도 어쩔 수 없다. 이 세상에 진짜 내 것은 없다. 그래서 다윗이 인생을 그림자와 같다고 말한 것이다.

다윗의 기도를 생각해 보자. 다윗은 강한 용사였고 통일 왕국의 왕이었지만 "나의 연약함을 알게 해 달라"고 기도했다. 또한 "종말과 인생의 남은 수명을 깨닫게 하사 자신의 연약함을 알게 해 달라"고도 했다. 그래서 깨달은 것이 무엇이었는가? 그것은 인생이 하나님 앞에서 한 뼘 길이밖에 되지 않는다는 사실이었다. 인생 최고의 성공적인 순간도 영적으로는 허사이고 인생 자체가 그림자라는 사실을 깨달은 것이다.

이 땅에 그리스도의 제자로 살아가는 모든 지체가 다윗처럼 자신이 얼마나 연약한 존재인지를 깨달아야 한다. 그래야 교만하지 않고 하나님을 더욱 의지하며 허세 부리지 않고 오늘 하루도 주어진 삶에 최선을 다할 수 있게 된다. 또한 자신의 약함을 알게 되면서 하나님께 소망을 두고 예수 그리스도 안에서 강한 자로 살 수 있게 된다.

우리도 다윗처럼 우리의 연약함을 깨닫고 종말과 연한이 언제까지인지를 알아야 한다. 만일 의사에게 "당신은 이제 살 날이 1년 밖에 남지 않았습니다"라는 말을 들으면 남은 시간을 어떻게 살겠는가? 믿기지 않겠지만 지금 우리는 의사의 말처럼 시한부 인생을 살고 있다. 우리에게 주어진 시간은 그리 많지 않다. 사랑할 수 있는 시간이 짧다. 사랑할 수 있는 시간도 짧은데 죽어가는 사람이 무슨 불평과 원망을 하겠는가? 이 땅에서 그리스도인으로 살아가는 모든 사람이 인생의 연약함을 깨달아 매일 감사하고 사랑하며 하나님을 더욱 의지하고 겸손한 자로 살아갈 수 있기를 소망한다.

3부

지친 날들에
하나님은
은혜의 손길을
내미신다

· · · · ·

어렵고 힘들어도
낙망하거나 포기하지 말라.
끝까지 하나님께
소망을 두고 나아가라.
하나님의 돌보심은
승리의 자리뿐 아니라,
지금 이 순간에도
계속되고 있다.

돌봄은 들풀 같은 인생에도 꽃을 피운다

얼마 전 기부를 많이 하는 것으로 유명한 한 가수가 자신을 '극단적인 허무주의자'라고 말하여 충격을 준 적이 있다. 사실 이 가수뿐만 아니라 우리 주변에는 허무주의를 극복하지 못하여 공황장애를 겪고 염세주의자가 된 사람들이 의외로 많다.

허무주의를 인간의 본질적 속성으로 꼽은 철학자들도 있다. 인간에게 절대적인 진리나 추구할 가치는 존재하지 않는다며 "신은 죽었다"라고 말한 니체(Friedrich Wilhelm Nietzsche)가 대표적인 경우이다. 또한 쇼펜하우어(Arthur Schopenhauer)는 "세상은 가난과 질병으로 가득 차 있다. 죽음만이 인생에게 편안을 준다"라고 말했다. 그는 특히 죽음에 대해 항상 예찬하고 다녔는데 아이러니하게도 정작 자신은 죽음의 공포에 떨며 살았다.

기독교는 허무주의?

그런데 기독교를 허무주의의 극치라고 주장하는 사람들이 있다. 솔로몬이 쓴 잠언과 전도서에 있는 말씀 때문이다.

"고운 것도 거짓되고 아름다운 것도 헛되나"(잠 31:30a).

"헛되고 헛되며 헛되고 헛되니 모든 것이 헛되도다"(전 1:2).

잘 알려진 것처럼 솔로몬은 한 인간이 세상에서 누릴 수 있는 모든 것을 누린 사람이다. 그가 어느 정도 부를 누렸는지 아는가? 어떤 사람이 솔로몬이 가졌던 전재산을 현재 가치로 계산해 보았다. 솔로몬은 아버지 다윗에게 금 10만 달란트와 은 100만 달란트를 상속 받았다. 1달란트는 금 59kg인데 1g을 20,000원으로 계산하면 약 118조 원에 달한다. 또한 은 1g을 80원으로 계산하면 약 4조 7천억 원이다. 금과 은만 계산해도 약 124조 원인 것이다. 참고로 세계 최대 갑부인 '빌 게이츠'의 재산은 750억 달러로 우리나라 돈으로는 88조 500억 원 이라고 한다.

또 솔로몬이 먹고 마시는 그릇은 다 금이었다. 게다가 후궁이 700명, 첩이 300명이나 되었다. 하지만 솔로몬은 "헛되고 헛되며 헛되고 헛되니 모든 것이 헛되도다"라고 고백했다.

"눈은 보아도 족함이 없고 귀는 들어도 가득차지 아니하도다"(전 1:8b).

부와 권력과 지혜로 모든 것을 누렸던 솔로몬의 인생 고백을 보면 경험적 허무주의자로 보인다. 전도서 1-3장까지 살펴보면 그 가설이 증명되는 것처럼 보인다. 하지만 전도서 마지막 장에서 솔로몬이 신앙으로 허무주의를 이겨냈음을 볼 수 있다.

"일의 결국을 다 들었으니 하나님을 경외하고 그의 명령들을 지킬지어다 이것이 모든 사람의 본분이니라 하나님은 모든 행위와 모든 은밀한 일을 선악 간에 심판하시리라"(전 12:13-14).

솔로몬은 인간의 모든 행위를 하나님이 심판하실 것이라고 했다. 그러면서 하나님을 경외하고 그 명령을 지키는 것이 모든 사람의 본분이라고 말했다. 솔로몬은 허무주의를 하나님을 경외하는 신앙으로 이겨낸 것이다.

다윗 역시 인생의 허무를 말했다. 그는 살아온 인생을 회고하며 "자신의 인생이 한 뼘 길이밖에 되지 않을 만큼 짧아서 하나님 앞에서는 없는 것 같다"고 했다. 더 나아가 "든든히 선 때도 모두 허사뿐이라"고 했다. "든든히 선 때"는 인생 중 최고의 전성기를 말한다. "허사"는 '입김, 호흡'을 의미하는데, 인생 최고의 순간도 들이쉬고 내뱉는 호흡처럼 곧 사라지고 만다는 것이다.

또한 다윗은 인생을 그림자로 묘사했다. 그림자는 실체가 아니라 허상이다. 그는 자신이 왕으로 가지고 있던 권력과 명예와 부와 인기와 힘과 능력이 그림자와 같다고 했다. 다윗은 인생의 무상, 인생의 허무를 알았던 것이다. 이 말씀만 보면 다윗 역시 허무주의자였던 것 같다. 시편이 여기서 끝났다면 다윗의 인생 역시 니체나 쇼펜하우어의 인생과 마찬가지였을 것이다.

그러나 다윗은 인생의 허무를 이겨냈다. 성경에는 다윗이 인생의 허무를 어떻게 이겨냈는지가 분명하게 나와 있다.

나의 소망은 주께 있나이다

"주여 이제 내가 무엇을 바라리요 나의 소망은 주께 있나이다"(시 39:7).

다윗은 인생의 허무를 통하여 자신의 연약함을 알았다. 인생의 덧없음을 깨닫고 나니 세상을 향하던 시선이 하나님을 향하게 되었다. 재물과 권력과 세상의 즐거움을 향하던 마음이 하나님을 향하게 된 것이다.

자신이 지은 죄로 인하여 사람들에게 비난과 핍박을 받고, 육체의 질병으로 고통을 당하면서 사고의 전환이 일어난 것이다. 다윗은 고난이라는 인생의 긴 터널을 통과하면서 자신이 누렸던 그 어떤 부귀와 영화, 명예와 쾌락도 인생의 소망이 될 수 없으며 오직 하나님만이 소망이심을 깨달았다.

이것이 은혜이다. 우리가 기도하는 대로 응답받고 원하는 대로 성취하는 것만을 은혜로 여기는 것은 잘못된 생각이다. 남보다 더 좋은 환경에서 남보다 더 많은 것을 누리며 사는 것이 은혜가 아니라 진짜 은혜는 진리를 깨닫는 것이다.

우리가 언제 하나님의 은혜를 체험하고 하나님 되심을 경험하는가? 고난 가운데 있을 때이다. 의사에게 "당신의 인생은 이제 1년밖에 남지 않았습니다"라며 시한부 인생임을 통보받았을 때, 사람들에게 배신당하고 사방으로 우겨쌈을 당했을 때인 것이다. 스스로 할 수 있는 것이 아무 것도 없고, 알 수 있는 것이 아무것도 없는 사면초가의 상황에서 비통한 가슴을 부여잡고 내가 얼마나 연약한 존재인지를 알 때 비로소 우리는 은혜를 체험하게 된다.

그때 우리는 솔로몬의 심정을 심장에 아로새기게 된다. 헛되고 헛되니 모든 것이 헛되다라는 것을 느끼며 인생의 허무를 깨닫는 것이다. 그리고 마침내 그 터널을 통과하면서 저 멀리 비춰는 빛을 보며 하나님만이 소망이심을 깨닫게 된다.

소망이 답이다

사람에게 소망은 중요하다. 도대체 소망이 무엇이기에 그토록 중요하다고 하는 것일까? 첫째, 소망이 곧 생명이기 때문이다. 성경은 소망을 영혼의 닻으로 비유한다.

"우리가 이 소망을 가지고 있는 것은 영혼의 닻 같아서 튼튼하고 견고하여 휘장 안에 들어가나니"(히 6:19).

바다에 떠 있는 배에 닻이 없으면 그 배는 표류하다가 파선할 수밖에 없다. 닻이 배의 생명인 것처럼 소망은 인생의 배를 안전하게 고정시키는 생명의 닻과 같다.

통계를 보면 우리나라에서 한 해 14,000여 명이 스스로 목숨을 끊는다고 한다. 하루에 38명이 넘는 사람이 극단적인 선택을 하는 것이다. OECD 국가 중에서도 11년째 자살률 1위라는 오명을 쓰고 있다. 도대체 왜 하나밖에 없는 생명을 포기하고 자살을 선택하는 것일까? 답은 간단하다. 바로 살아야 할 소망을 잃었기 때문이다.

그러나 하나님께 소망을 두는 자는 인생을 포기하지 않는다. 그런 사람은 이 세상을 떠나는 마지막 순간에도 죽음을 두려워하지 않는다. 의인은 그 죽음에도 소망이 있기 때문이다.

"악인은 그의 환난에 엎드러져도 의인은 그의 죽음에도 소망이 있느니라"(잠 14:32).

사람에게 가장 큰 공포와 두려움은 죽음이다. 그렇게도 자유를 부르짖던 사르트르(Jean Paul Sartre)도 1980년 3월 파리의 부르세 병원에서 죽음의 불안과 공포 때문에 한 달 동안 그를 찾아온 사람들에게 소리를 지르며 발악하다가 죽어갔다.

목회를 하면서 죽음 앞에 겁을 내고 두려워 떠는 사람들을 많이 보았다. 하지만 하나님께 소망을 두는 자는 죽음 앞에서도 겁을 내지 않는다. 죽음을 영혼이 육체를 떠나 그리스도와 함께 있는 것으로 여기기 때문이다. 그래서 하나님께 소망을 두는 자는 하나님 나라에서 눈을 뜨게 될 것이라는 소망 가운데 눈을 감는다.

"우리가 담대하여 원하는 바는 차라리 몸을 떠나 주와 함께 있는 그것이라"(고후 5:8).

"세상을 떠나서 그리스도와 함께 있는 것이 훨씬 더 좋은 일이라"(빌 1:22a).

소망이 중요한 둘째 이유는, 소망이 인내를 가져다주기 때문이다. 성경에서는 소망과 인내를 함께 언급한다.

"너희의 믿음의 역사와 사랑의 수고와 우리 주 예수 그리스도에 대한 소망의 인내를 우리 하나님 아버지 앞에서 끊임없이 기억함이니"(살전 1:3).

말씀에 나와 있듯이 믿음이 있는 곳에는 반드시 믿음의 역사가 있다. 사랑에는 반드시 수고가 있다. 그리고 소망에는 반드시 인내가 있다. 그래서 소망이 있는 자는 인내하며 기다릴 줄 안다.

젊고 유능한 한 유대인 외과의사가 나치스(Nazis)에 의해 아우슈비츠 수용소에 가게 되었다. 그는 가스실과 실험실을 향해 죽음의 행진을 하고 있는 동족의 행렬을 보면서 머지않아 자신도 가스실의 제물이 될 것을 알았다.

어느 날 그는 노동 시간에 땅을 파다가 흙 속에 파묻힌 유리병 조각을 하나 주웠고 그것을 몰래 바지 주머니에 숨겨 가지고 돌아왔다. 그리고 그날부터 매일 그 유리병 조각의 날카로운 부분으로 면도를 했다. 동족이 점점 희망을 버리고 죽음을 기다리며 두려움에 떠는 동안 그는 "희망을 버리지 않으면 언젠가는 좋은 날이 올 것이다"라고 중얼거리며 그 시간을 버텨냈다.

그는 죽음의 극한 상황 속에서도 아침과 저녁, 하루에 두 번씩 면도를 했다. 오후가 되면 나치스들이 문을 밀치고 들어와서 유대인들을 일렬로 세우고 그날 처형할 자를 골라냈다. 하지만 유리 조각으로 피가 날 만큼 깔끔하게 면도한 의사를 차마 가스실로 보내지는 못했다.

왜냐하면 그는 잘 면도한 턱 때문에 삶의 의지가 넘쳐 보였고, 건강해서 쓸모가 있다는 인상을 심어주었기 때문이다. 그래서 나치스들은 그를 죽이기에는 아직 이르다고 생각했던 것이다. 많은 동족이 가스실로 갈 때마다 그는 자신의 비망록에 이렇게 썼다.

"고통 속에서 죽음을 택하는 것은 가장 쉽고 나태한 방법이다. 죽음은 그리 서두를 것이 못 된다. 희망을 버리지 않는 사람은 반드시 구원을 받는다."

그는 놀랍게도 나치스가 완전히 패망할 때까지 살아남았다.

그렇다. 소망이 있는 자는 인내한다. 소망을 가진 자는 기다릴 줄 안다. 스페인 사람들은 그래서 소망을 '에스페라'(esperar)라고 한다. 그 뜻은 '기다린다'는 것이다. 그런데 기다림이 없다면 우리 안에 있는 그것은 소망이 아니라 야망이다. 야망은 오래 기다리지 못한다. 이 땅에서의 일시적인 만족을 위해 육적인 것을 쫓기 때문이다. 그러나 소망은 기다린다. 하늘 소망은 주님과 영원히 동행하는 기쁨을 바라보는 것이다. 그런 하늘 소망으로 오늘을 인내하며 내일을 기다릴 수 있는 것이다.

소망이 중요한 마지막 이유는, 소망이 있으면 낙심하지 않기 때문이다.

"내 영혼아 네가 어찌하여 낙심하며 어찌하여 내 속에서 불안해 하는가 너는 하나님께 소망을 두라 그가 나타나 도우심으로 말미암아 내 하나님을 여전히 찬송하리로다"(시 43:5).

동일한 말씀이 시편 42편 5절과 11절에도 나온다. 이 시는 바벨론 침략 때 포로로 끌려갔던 고라 자손 중 한 사람이 쓴 것으로 보인다. 본문에서 시인은 나라를 잃고 성전에 나아가서 예배를 드리지 못하는 절망적인 상황 속에서 사람들의 조롱과 멸시 때문에 낙심되고 불안한 날들을 보냈다.

"사람들이 종일 내게 하는 말이 네 하나님이 어디 있느뇨 하오니 내 눈물이 주야로 내 음식이 되었도다"(시 42:3).

시인은 포로가 되어 바벨론으로 끌려와 있었다. 고국의 터전을 잃고 원수의 나라에서 억압받고 있었다. 그런데 주변 사람들이 "네 하나님이 어디 있느냐"라며 멸시하고 조롱한다. "하나님이 살아 계신다면 어떻게 이런 일이 일어날 수 있느냐"라며 하나님을 업신여기고 비웃는 상황인 것이다.

시인은 하나님을 향한 비난과 업신여김으로 인하여 "내 눈물이 주야로 내 음식이 되었도다"라고 말한다. 하나님을 향하여 얼마나 아픈 마음이었으면 그러했겠는가? 얼마나 많은 눈물을 흘렸으면 "내 눈물이 주야로 내 음식이 되었도다"라고 했겠는가?

시인을 더 불안하게 한 것은 하나님의 침묵과 방임이었다.

"주는 나의 힘이 되신 하나님이시거늘 어찌하여 나를 버리셨나이까"(시 43:2a).

시인은 전능하신 하나님이 어찌하여 그 상황 속에서 자신을 건져주시지 않았느냐고 부르짖는다. 주님은 인생의 반석이신데 어찌하여 자신을 잊으셨느냐는 것이다. 시인은 하나님이 자신을 버리신 것처럼 느꼈다. 그래서 시인은 시편 42-43편에서 "어찌하여"라는 말을 무려 열 번이나 사용한다. 하나님의 침묵과 방임을 이해할 수 없었기 때문이다.

우리도 고난이 길어지고 이해할 수 없는 일이 계속 일어나면 자연스럽게 '하나님, 정말 나를 기억하고 계시나요?', '하나님, 혹시 나를 잊으셨나요?', '혹시 나를 버리셨나요?'라는 생각이 든다.

하나님은 그렇게 불안해하는 시인에게 이렇게 말씀하신다.

"내 영혼아 네가 어찌하여 낙심하며 어찌하여 내 속에서 불안해 하는가 너는 하나님께 소망을 두라 그가 나타나 도우심으로 말미암아 내 하나님을 여전히 찬송하리로다"(시 43:5).

하나님께 소망을 두는 자는 낙심하지 않는다. 불안해하지도 않는다. 하나님이 반드시 나타나 도와주실 것을 믿기 때문이다. 그러므로 우리는 하나님의 섭리를 믿으며 주님을 찬양하기만 하면 된다. 어렵고 힘들어도 낙망하거나 포기하지 마라. 끝까지 하나님께 소망을 두고 나아가라. 그러면 하나님이 나타나 도우실 것이다. 때가 되면 하나님이 반드시 도우실 것이다.

소망은 오직 하나님께 있다

"소망의 하나님이 모든 기쁨과 평강을 믿음 안에서 너희에게 충만하게 하사 성령의 능력으로 소망이 넘치게 하시기를 원하노라"(롬 15:13).

하나님은 소망의 하나님이시다. 우리가 성령의 능력으로 소망이 넘치는 삶을 살기를 원하신다. 어려운 상황 가운데서도 자포자기하지 않고 주님께 소망을 두며 그 소망으로 살아가기를 원하신다. 그래서 하나님은 당신의 징계로 인하여 바벨론에 포로로 끌려간 자들에게 이렇게 말씀하셨다.

"너희를 향한 나의 생각을 내가 아나니 평안이요 재앙이 아니니라 너희에게 미래와 희망을 주는 것이라"(렘 29:11).

이스라엘 백성은 하나님께 버림받았다고 생각했다. '이제 우리의 인생은 끝났다'라고 생각했다. 그러나 하나님은 그들을 위로하고 격려하신다. 평안과 희망을 주기를 원하신다. 주님이 주시는 은혜를 거부해서는 안 된다. 이스라엘 백성에게 지금의 포로 생활이 아무리 고달프고 힘들어도 희망을 가지라는 것은 다름 아닌 주님이 주시는 은혜를 기대하라는 말이다. 보혈의 십자가가 그렇다. 당장은 고난 같아 보이지만 그 너머에 있는 부활의 영광을 볼 수 있다. 그것이 바로 주님의 은혜이다.

주님은 오늘 우리에게도 동일하게 말씀하신다. "삶이 아무리 힘들고 어려워도, 혹 지금 일어난 일이 이해되지 않더라도 결코 낙심하지 마라. 자포자기하지 마라. 나는 너희에게 미래와 희망을 주기를 원한다. 이것이 너희를 향한 나의 생각이다." 우리를 향한 하나님의 생각은 바로 이것이다. 그러므로 우리는 상황에 흔들리지 말아야 한다. 언제나 말씀의 중심을 붙들고 소망 가운데 살아가는 우리가 되어야 하는 것이다.

우리의 소망은 살아 계신 하나님밖에 없다. 썩어질 재물은 우리의 소망이 될 수 없다. 도울 힘이 없는 연약한 인생도, 심지어 애지중지하는 우리의 자녀도 결코 소망이 될 수 없다. 바울은 말했다.

"우리 소망을 살아계신 하나님께 둠이니"(딤전 4:10).

시편 146편의 시인 역시 마찬가지이다.

"야곱의 하나님을 자기의 도움으로 삼으며 여호와 자기 하나님에게 자기의 소망을 두는 자는 복이 있도다"(시 146:5).

누가 복이 있다고 말했는가? 세상이 주는 물질과 쾌락에 탐욕을 부리는 자가 아니다. 하나님을 자기의 도움으로 삼고 여호와 하나님께 소망을 두는 자이다.

지금 우리에게 필요한 것은 예수 그리스도 안에 산 소망이다. 진정 하나님께 소망을 두는 자는 죽음 앞에서도 두려워하지 않는다. 어떤 상황 속에서도 낙망하지 않고 인내하며 기다릴 수 있기 때문이다. 그리고 마침내 나타나 도우시는 하나님의 은혜와 축복을 받아 누리게 될 것이다.

· · · · ·

하나님의 얼굴의 광채가 우리를 비추면
어둠이 떠나간다.
빛이 어둠을 물리치고
모든 영역에 회복의 역사가 일어난다.

빛으로만 어둠을 물리칠 수 있다

시편 80편은 북 이스라엘의 멸망을 목격한 아삽이 이스라엘의 구원을 갈망하며 지은 시이다. 그래서 이 시에는 '구원'과 '회복'이라는 단어가 여러 번에 걸쳐 참 많이 나온다. 먼저 시인은 기도에 앞서 기도의 대상이신 하나님에 대하여 언급한다. 기도는 내용보다 대상이 더 중요하다. 대상에 따라 내용이 달라질 수 있기 때문이다. 따라서 기도의 내용이 간절하거나 아름다워도 기도의 대상이 잘못되었다면 우리의 기도는 헛된 것에 불과하다.

하나님이 우리의 목자 되신다

"요셉을 양 떼 같이 인도하시는 이스라엘의 목자여 귀를 기
울이소서"(시 80:1a).

시인은 하나님을 "요셉을 양 떼 같이 인도하시는 이스라엘의
목자"라고 부른다. 하나님과 자신과의 관계가 목자와 양의 관계
임을 알았기 때문이다. 요셉은 북 왕국 이스라엘을 지칭하는 표
현이고 이어서 나오는 에브라임, 베냐민, 므낫세는 북 왕국 이스
라엘을 대표하는 지파이다.

하나님이 목자라면 그의 백성은 무엇인가? 양이다. 그래서 성
경에서는 하나님의 백성, 하나님의 자녀 된 우리를 양으로 비유
한다.

"우리는 주의 백성이요 주의 목장의 양이니"(시 79:13a).

"우리는 그가 기르시는 백성이며 그의 손이 돌보시는 양이
기 때문이라"(시 95:7).

다윗도 "여호와는 나의 목자시니 내게 부족함이 없으리로
다"(시 23:1)라고 노래했다. 예수님도 "나는 선한 목자라"(요 10:11)
고 말씀하셨다. 이렇게 성경은 하나님과 구원받은 백성을 목자

와 양의 관계로 빗대어 설명한다. 신구약을 통틀어 '목자'와 '양'이라는 단어가 500번 이상 나온다.

성경에서는 왜 하나님과 우리를 목자와 양의 관계로 비유하는가? 양은 목자 없이 살 수 없기 때문이다. 양은 짐승 중에 가장 우둔하고 연약하다. 듣는 귀는 발달했지만 방향 감각이 무뎌서 우리를 떠나면 찾아오지 못한다. 스스로 먹이를 구하지도 못하는 데다 스스로 보호할 수 있는 능력도 없다.

동식물은 대부분 자신을 보호할 자구책을 가지고 있다. 그래서 맹수의 공격을 받을 때 뿔이나 날카로운 발톱 또는 날개로 방어한다. 카멜레온은 몸의 빛깔을 자유롭게 바꾸어 자기를 보호한다. 또 어떤 동물들은 단결된 힘으로 맹수를 물리친다.

하지만 양은 자신을 보호하지 못한다. 목자가 꼭 필요하다. 목자가 없으면 길을 잃고 방황하다가 굶어죽든지, 맹수의 밥이 될 수밖에 없다.

그래서 오늘 이 시편을 쓴 시인도 "이스라엘의 목자여!"라고 부르며 기도한다. 자신은 양이기에 목자 없이 살 수 없는데 스스로 살 수 있는 것처럼 교만하다가 앗수르라는 사자에게 잡혀 죽게 되었기 때문이다.

시인은 이스라엘의 목자 되신 여호와께 그 백성을 구원해 달라고 간구한다. 오직 주님만이 길을 잃고 방황하는 백성을 구원해 주실 수 있기 때문이다. 주님만이 깊은 웅덩이와 수렁에 빠져 있는 자신을 건져 내실 수 있다. 앗수르라는 사자의 입에서 자신을 구원할 수 있는 이가 목자 되신 주님밖에 없기 때문이다.

주님은 우리의 선한 목자이시고 우리는 주님의 양이다. 양인 우리는 우둔하고 연약하다. 아무리 똑똑해도 스스로 에덴동산을 향해 나아갈 수 없다. 우리의 힘과 능력으로는 죄 문제를 해결할 수 없고 사탄과 싸워 승리할 수도 없다. 그러므로 양인 우리는 언제나 목자의 음성을 들어야 한다. 목자의 인도하심을 따라 살아야 하는 것이다.

양은 목자 없이 살 수 없다

그런데 양들 가운데 목자 없이 살 수 있다고 생각하는 부류가 있다. 그들은 목자의 인도를 받지 않고 자기 소견에 옳은 대로 살려고 한다. 그러나 분명히 알아야 한다. 이것이 죄의 본질이다. 이사야 선지자는 오실 메시아와 그 사역을 예언하면서 이렇게 말했다.

> "우리는 다 양 같아서 그릇 행하여 각기 제 길로 갔거늘"(사 53:6a).

양이 목자의 인도와 음성 듣기를 거부하고 그릇 행하여 각기 제 길로 가는 것은 죄의 본질이다. 아담과 하와의 타락이 바로 이것 때문이다. 인간이 바벨탑을 쌓은 것도 이것 때문이었다. 탕

자가 아버지의 집을 떠난 것도 마찬가지이다. 피조물인 인간이 자신의 지식과 지혜와 경험으로 살 수 있다는 것, 주님의 도움 없이도 살 수 있다는 것은 사망에 이르는 죄의 본질인 것이다.

시인은 그룹 사이에 좌정하신 하나님께 기도했다.

"그룹 사이에 좌정하신 이여 빛을 비추소서"(시 80:1b).

구약 시대의 성막과 성전은 뜰과 성소와 지성소로 나뉜다. 성전의 뜰에는 번제단과 물두멍이 있고, 성소 안에는 등잔대와 떡상과 분향 제단이 있다. 그리고 성소에서 휘장을 열고 들어가면 지성소가 있는데, 그곳은 하나님이 거하시는 처소였다.

그곳은 아무나 들어갈 수 있는 곳이 아니었다. 1년에 단 한 번 대속죄일에 대제사장이 정결하게 몸을 씻고 정결한 짐승의 피를 가지고 들어갔다. 세마포 옷을 입고 지성소에 들어간 대제사장은 하나님의 임재를 상징하는 언약궤의 뚜껑에 정결한 짐승의 피를 뿌렸다.

언약궤에서 제일 중요한 부분은 바로 피를 뿌리는 언약궤의 뚜껑이었다. 피를 뿌리는 언약궤의 뚜껑을 '속죄소'라고 하는데, 언약궤 위에는 천사를 상징하는 두 그룹이 커다란 날개를 펴고 있다. 이 두 그룹은 하나님을 수종하는 천사를 말한다. 여기서 하나님은 날개를 활짝 펴고 하나님의 거룩함을 수호하는 천사 사이에 좌정하고 계신다.

성경에는 '보좌'라는 말이 70번 이상 나오는데, 대표적인 곳이 이사야 6장, 에스겔 1장, 요한계시록 4장이다. 하나님의 보좌가 나오면 반드시 하나님을 수종하고 보좌를 수호하는 천사가 함께 나온다.

이사야 6장에서는 주께서 높이 들린 보좌에 앉으셨는데 그 앞에 스랍들이 있었다. 그들은 각기 여섯 날개가 있는데 두 날개로는 발을 가리고, 두 날개로는 얼굴을 가리고, 두 날개로는 날면서 "거룩하다 거룩하다 거룩하다" 하며 만군의 여호와의 영광을 찬송한다.

요한계시록 4장에서는 요한이 환상 중에 하늘의 열린 문 안으로 하나님의 영광의 보좌를 보았다고 한다. 빛나고 높은 보좌에 주님이 앉아 계신다. 그 모습이 벽옥과 홍보석과 같다. 그리고 보좌 주변은 녹보석으로 둘러 있다. 보좌 주변에 24보좌가 있고 24장로가 흰 옷을 입고 머리에 금관을 쓰고 앉아 있다. 또한 보좌 앞에 일곱 등불이 있다. 보좌 가운데와 주위에 사자, 송아지, 사람, 독수리의 얼굴을 가진 네 생물이 있다. 이 얼굴 네 개는 예수님의 성품과 사역을 상징적으로 보여준다. 이 생물들은 각각 여섯 날개를 가지고 있는데 그들이 밤낮 쉬지 않고 "거룩하다 거룩하다 거룩하다"라고 3중 거룩 송을 부르며 보좌에 앉으신 주님을 찬양한다.

이것이 바로 하나님의 영광의 보좌이다. 시인은 바로 그 영광의 보좌에 앉으신 주님께 기도를 드리고 있는 것이다. 지금까지 우리는 기도의 대상에 대해 살펴보았다. 본문을 쓴 시인은 "요셉을 양 떼 같이 인도하시는 이스라엘의 목자"이신 하나님께 기도를 드렸다. "그룹 사이에 좌정하신 하나님"께 기도를 드린 것이다.

구원의 빛: 주의 얼굴의 광채
우리가 드릴 기도의 내용은 구원과 회복이다.

> "에브라임과 베냐민과 므낫세 앞에서 주의 능력을 나타내사 우리를 구원하러 오소서 하나님이여 우리를 돌이키시고 주의 얼굴 빛을 비추사 우리가 구원을 얻게 하소서"(시 80:2-3).

여기서 말하는 하나님은 '엘로힘'이다. 엘로힘은 '전능하신 하나님'을 뜻한다.

> "만군의 하나님이여 우리를 회복하여 주시고 주의 얼굴의 광채를 비추사 우리가 구원을 얻게 하소서"(시 80:7).

만군의 하나님은 천군천사를 거느리시는 하나님을 의미한다. 만군의 하나님께 속히 하늘의 천군 천사를 통하여 핍박과 고통 중에 있는 자신을 회복시켜 달라고 구하는 것이다.

> "만군의 하나님 여호와여 우리를 돌이켜 주시고 주의 얼

굴의 광채를 우리에게 비추소서 우리가 구원을 얻으리이
다"(시 80:19).

우리는 '돌이키는 것'도 하나님이 해주셔야만 가능하다. 가끔
씩 상상하지 못할 업적을 이루는 인간이 대단해 보이기도 하
지만 사실상 인간은 자신의 마음 하나를 돌이키는 것도 마음
대로 못 한다. 내 마음을 돌이키는 것도 마음대로 안 되는데
다른 사람의 마음을 움직이는 것은 얼마나 힘들겠는가? 그
래서 시인은 하나님께 백성을 돌이켜 주시고 구원해 달라고
기도하는 것이다.

당시 북 이스라엘은 근동의 최강국인 앗수르에 의해 멸망당
했다. 그때는 전쟁을 민족 간의 싸움 이전에 각 민족이 섬기는
신들의 싸움으로 인식하고 있었다. 한 나라가 그 전쟁에서 패하
면 그 민족이 섬기는 신이 싸움에서 패배한 것으로 받아들인 것
이다. 그래서 이스라엘이 앗수르에게 졌기 때문에 이스라엘 백
성이 섬기는 하나님이 앗수르의 신보다 더 열등한 존재로 인식
되었다.

그러나 시인은 전능하신 하나님을 믿었다. 양 떼인 우리를 앗
수르의 손에서 구원하실 이스라엘의 목자로 철저히 믿었다. 그
룹 사이에 좌정하시며 언제든지 악인을 심판하시고 천군천사들
을 동원하여 자신을 구원하실 만군의 하나님을 온전히 신뢰한
것이다. 이스라엘의 목자이신 하나님, 그룹 사이에 좌정하신 만

군의 하나님, 그 하나님께 그 백성을 회복시키사 구원해 달라고
기도했다.

"주의 얼굴 빛을 비추사 우리가 구원을 얻게 하소서"(시
80:3b).

"주의 얼굴의 광채를 비추사 우리가 구원을 얻게 하소서"(시
80:7b).

"주의 얼굴의 광채를 우리에게 비추소서 우리가 구원을 얻
으리이다"(시 80:19b).

시편 기자는 "주의 얼굴의 광채를 비추사" 구원해 달라고 간
구했다. 우리의 회복과 구원은 오직 주의 얼굴의 광채를 비추어
주시는 것에 달려 있다는 것이다. 하나님은 영이시기 때문에 얼
굴이 없다. 그럼에도 성경에는 하나님의 얼굴과 광채에 대한 말
씀이 빈번하게 나온다.

민수기 6장에서 하나님은 제사장이었던 아론과 그 아들들에
게 이스라엘 자손을 이렇게 축복하라고 말씀하셨다.

"여호와는 네게 복을 주시고 너를 지키시기를 원하며 여호
와는 그의 얼굴을 네게 비추사 은혜 베푸시기를 원하며 여

호와는 그 얼굴을 네게로 향하여 드사 평강 주시기를 원하
노라"(민 6:24-26).

외국 교회에서는 목회자들이 보통 이 말씀으로 축도를 한다.
나도 아이들이 어릴 때 새벽기도회를 마치고 집에 들어가 아이
들의 이마에 손을 얹고 이 말씀으로 축복 기도를 많이 했다.

여기서 얼굴은 하나님을 의인화하여 표현한 것이다. 하나님
의 얼굴은 하나님의 성품과 전 인격을 상징한다. 따라서 복이란
하나님이 당신의 얼굴을 우리에게 향하시는 것이다. 그렇다면
저주란 무엇인가? 하나님이 그 얼굴을 우리에게서 돌리시는 것
이다. 하나님이 얼굴을 가리우신다는 것은 인간에게 가장 큰 절
망과 죽음을 의미한다. 그래서 욥도 너무 힘들고 고통스러울 때
"주께서 어찌하여 얼굴을 가리우시고 나를 주의 원수로 여기시
나이까"(욥 13:24)라고 했다.

이것은 사람과의 관계에서도 마찬가지이다. 사랑하는 사람들
을 보면 얼굴이 서로를 향해 있다. 마주 앉아 있어도 그립고 잠
깐 떨어져 있어도 또 보고 싶어 한다. 반대로 사랑하지 않는
사람들은 어떠한가? 얼굴을 피하고 외면하며 등을 돌린다. 이
처럼 하나님도 하나님을 불신하고 거역하는 사람에게 얼굴을
돌리신다.

하나님이 우리를 향하여 얼굴을 드시는 것은 놀라운 사랑과
관심을 의미한다. 주께서 그 얼굴을 우리에게 향하여 드사 그 얼

굴의 광채를 우리에게 비추신다는 것은 보좌에 앉으신 주님이 친히 임재하시는 것을 말하는 것이다. 하나님이 임재하시는 곳에는 언제나 빛이 있다. 말씀이 그것을 증명한다. 왜냐하면 하나님이 빛이시기 때문이다.

그런데 우리가 알아야 할 사실이 하나 있다. 그것은 하나님의 얼굴의 광채가 단순한 빛이 아니라는 것이다. 그 빛에는 하나님의 성품과 능력이 있다. 우리를 향한 사랑과 거룩이 있다. 세상이 줄 수 없는 평강이 있고, 어둠을 몰아내는 능력이 있다. 모든 것을 회복시키는 창조의 능력이 있는 것이다. 그래서 하나님의 얼굴의 광채가 우리를 비추면 어둠이 떠나가고 병든 자가 고침을 받는다. 결국 모든 영역에 회복의 역사가 일어나는 것이다.

'드로잉 쇼'로 유명한 김진규 감독이라는 분이 있다. 그는 원래 불신자였다. 예수님의 존재를 부정하고 예수님을 믿는 자들을 싫어했던 사람이다. 그런 그가 드로잉 쇼를 시작하고 진행하면서 많은 빚을 지게 되었고 급기야 가족과도 헤어지게 되었다. 처음에는 무언가 가슴을 누르는 것 같고 숨 쉬기가 힘들었는데 나중에는 극심한 우울증에 공황장애까지 겪어야 했다. 한 번 공포가 밀려오면 손가락부터 마비되고 나중에는 심장까지 굳어지는 것이었다. 그는 "검은 손이 벽에서 뚫고 나오기 시작하면 공포와 두려움에 숨을 쉴 수가 없었다"라고 고백했다.

고통 속에서 신음하며 인간의 힘과 의술로는 치료받을 수 없음을 깨달았다. 그래서 매형과 함께 기도원을 향했고 그때 차 안에서 놀라운 기적을 경험했다. 갑자기 창밖 구름 사이로 예수님이 나타나신 것이다. 그의 표현에 따르면 예수님의 얼굴에는 어머어마한 광채가 있었는데 빛 덩어리와 같았다고 한다. 전 세계에 있는 모든 보석을 다 모아도 그러한 광채를 낼 수 없을 거라고 했다.

그런데 주님의 얼굴에 있는 그 빛이 그에게 임했고 몸이 뜨거워지기 시작했다. 그리고 그 광채가 다가오는 순간 자신의 목덜미 뒤쪽에 있던 무언가가 떨어져 나가는 것을 경험했다고 한다. 그 후 그는 회복되어 살아났다. 주님의 얼굴의 광채가 임할 때 모든 묶임에서 자유함을 얻은 것이다.

사도 바울도 마찬가지였다. 사울이 예수님을 믿는 사람들을 잡아 죽이려고 다메섹 가까이에 왔을 때 홀연히 하늘로부터 큰 빛이 임하여 그를 둘러 비추기 시작했다.

"오정쯤 되어 홀연히 하늘로부터 큰 빛이 나를 둘러 비치매 내가 땅에 엎드러져 들으니"(행 22:6b-7a).

성경에는 그 시간이 "오정쯤"이라고 기록되어 있다. 오정쯤은 해가 중천에 떠 있는 때로 태양 빛이 가장 강렬하게 비추는 시간이다. 그런데 태양의 빛보다 더 큰 빛이 임했다. 그리고 사울은 그 자리에 엎드러졌다.

부활하신 주님이 영광의 빛 가운데 임하신 것이다. 사울은 그 자리에서 부활하신 주님을 만났다. 그리고 자신의 죄를 회개한 후 이방인의 사도가 되었다. 사도 바울도 부활하신 영광의 빛 앞에 엎드려졌고 결국 변화된 것이다.

물론 주님이 우리 가운데 임재하시고 그 빛이 우리를 비춘다고 해도 우리가 모두 그 영광의 빛을 육안으로 볼 수 있는 것은 아니다. 주님의 영광의 빛은 신령하기 때문에 눈으로 보지 못할 수도 있다. 그러나 분명한 사실은 보좌에 앉으신 그 주님이 우리 가운데 임재하시면 주님의 얼굴의 광채가 우리를 비출 수밖에 없다는 것이다.

그때 놀라운 회복의 역사가 일어난다. 미움과 분노가 사라지고 가슴을 치며 애통하는 회개의 역사가 일어난다. 하나님의 사랑이 파도처럼 밀려올 것이다. 병든 자가 고침을 받고 심령이 회복되고 가정이 회복되는 역사가 일어난다. 지친 날들에 하나님의 은혜가 임하게 되는 것이다.

그러므로 우리는 매일 "하나님, 오늘도 당신의 얼굴을 내게 비추사 나를 구원해 주세요"라고 기도해야 한다. 기대하라. 보좌에 앉으신 주님이 우리에게 임하사 그 얼굴의 광채를 우리 가운데 비추시면 우리 삶이 은혜로 점철되는 놀라운 일이 일어날 것이다.

. . . . .

주님이 권능의 손을 얹으시면
다시 일어설 수 있다.
다시 소생케 되어
주의 이름을 부르고,
주의 영광을 부르게 될 것이다.

권능의 손을
붙잡고
다시 일어서라

시편 80편에서 시인은 "포도나무"에 대하여 언급한다.

"주께서 한 포도나무를 애굽에서 가져다가 민족들을 쫓아내
시고 그것을 심으셨나이다"(시 80:8).

시인은 주가 한 포도나무를 애굽에서 가져다가 심으셨다고
말한다. 포도나무는 '이스라엘 민족'을 의미한다. 오늘날로 하면
영적 이스라엘인 우리를 말하는 것이다. 그런데 왜 이스라엘을
많고 많은 나무 중에 포도나무에 비유했을까? 포도나무는 열매
를 통해서만 가치를 드러낼 수 있기 때문이다.

포도나무는 나무 그 자체로는 별로 쓸모가 없다. 꽃도 그렇게 아름답지 않고 나무 역시 목질이 퍼석퍼석해서 건축은커녕 화목으로도 사용할 수가 없다. 그중 유일하게 가치를 드러낼 수 있는 것이 바로 열매이다. 아무리 잎사귀가 무성해도 열매를 맺지 못하면 아무 쓸모 없는 나무가 바로 포도나무인 것이다.

예수님도 포도나무 비유를 들며 "열매를 맺지 아니하는 가지는 아버지께서 그것을 제거해 버리신다"(요 15:2 참조)라고 말씀하셨다. 앞서 설명한 특성 때문에 구원받은 백성을 포도나무 또는 포도나무의 가지로 비유한 것이다.

그런데 이 포도나무를 어디서 가져다가 어떻게 심으셨다고 하는가?

> "주께서 한 포도나무를 애굽에서 가져다가 민족들을 쫓아내시고 그것을 심으셨나이다"(시 80:8).

"애굽에서 가져다가 민족들을 쫓아내시고 심으셨다"고 말한다. 말씀에 나오는 "민족들"은 가나안의 원주민들이다. 이것은 이스라엘 백성이 받은 구원을 말하는 것이다. 하나님은 430년 동안 애굽에서 종살이하던 이스라엘 백성을 구원해 내셨다. 그리고 홍해를 건너 광야를 지나 마침내 가나안 땅에 이르게 하셨다. 가나안의 원주민들을 몰아내시고 약속의 땅 가나안에 정착하여 살게 하신 것이다.

우리의 구원은 하나님께 달려 있다

그런데 누가 이 일을 행하였는가? 누가 포도나무를 애굽에서 가져다가 가나안의 원주민들을 몰아내고 그곳에 심었는가? 누가 430년 동안 애굽에서 종살이하던 백성을 자유케 하사 가나안의 원주민들을 몰아내고 그 땅 가운데 거하며 살게 했는가?

8절에는 중요한 동사 세 개가 나온다. "가져다가", "쫓아내시고", "심으셨나이다." 이 동사들의 주체는 바로 주님이시다. 주께서 한 포도나무를 애굽에서 가져다가 가나안의 원주민들을 쫓아내시고 그곳에 심으셨다. 어떤 나무도 스스로 움직일 수 없다. 포도나무가 아무리 똑똑해도 스스로 애굽에서 가나안 땅에 옮겨져 심길 수는 없는 것이다.

그 일을 바로 하나님이 하셨다. 하나님이 당신의 열심과 능력으로 이스라엘이라는 한 포도나무를 애굽에서 가져다가 가나안의 원주민들을 몰아내시고 그곳에 심으셨다. 이로써 하나님은 우리의 구원이 우리의 열심이 아닌 하나님의 열심으로 이루어졌음을 분명히 하신 것이다.

> "내가 이제 내 거룩한 이름을 위하여 열심을 내어 야곱의 사로잡힌 자를 돌아오게 하며 이스라엘 온 족속에게 사랑을 베풀지라"(겔 39:25b).

그렇다. 우리의 구원은 전적으로 하나님의 열심으로 이루어졌다. 우리를 포기하지 않으시는 하나님이 당신의 그 열심으로 마침내 우리의 구원을 이루셨다. 그래서 시편에서는 구원받은 이스라엘 백성을 이렇게 표현한다.

"주의 오른손으로 심으신 줄기요"(시 80:15).

여기서 오른손은 권능과 능력을 상징한다. 하나님은 당신의 권능으로 이스라엘을 바로의 압제에서 건져 내시고 가나안 정복을 이루셨다. 우리도 세상이라는 애굽에서 가나안 땅으로 옮겨져 심긴 포도나무이다. 가나안 땅에 옮겨지기 전까지, 하나님 나라의 백성이 되기 전까지는 우리도 죄의 종으로 바로의 지배를 받고 살았다. 바로는 이 세상의 신을 상징하는 것으로 우리는 이전에 세상의 신으로부터 지배를 받고 공중권세 잡은 자를 따라다니며 이 세상 풍속을 따라 살았던 것이다. 그런데 전능하신 하나님이 우리를 불러내어 하나님의 자녀로 삼아 주셨다.

결국 우리가 이렇게 구원받고 하나님의 자녀가 된 것은 오직 하나님의 은혜로, 하나님의 능력으로, 하나님의 열심으로 된 것이다.

하나님은 이스라엘이라는 한 포도나무를 애굽에서 가져다가 민족들을 쫓아내시고 가나안 땅에 심으신 것으로 끝내지 않으셨다. 그곳에서 그들을 가꾸셨다.

"주께서 그 앞서 가꾸셨으므로 그 뿌리가 깊이 박혀서 땅에 가득하며"(시 80:9).

"앞서 가꾸셨다"라는 말은 하나님이 이스라엘의 구원을 위하여 친히 많은 것을 준비하셨음을 뜻한다. 농부가 포도나무를 옮겨 심기 전에 여러 가지 준비를 하듯이 하나님도 이스라엘을 젖과 꿀이 흐르는 가나안 땅에 정착시키기 위하여 많은 준비를 하셨다. 우선 이스라엘 백성을 애굽에서 구원하시려고 '모세'라는 지도자를 준비하셨다. 가나안 땅도 미리 준비하시고 가나안 땅에 사는 자들이 포도나무와 그들의 집 등을 미리 준비하게 한 다음 그 모든 것을 전리품으로 취하게 하셨다. 하나님은 어떤 일을 행하실 때 즉흥적으로 행하시는 분이 아니다.

우리의 구원도 마찬가지다. 하나님이 창세전에 예수 그리스도 안에서 그 기쁘신 뜻대로 우리를 선택하셨다. 그리고 예수 그리스도를 이 세상에 보내어 십자가에 달려 죽게 하심으로 우리의 죄 값을 지불하셨다. 그리고 예수님은 사망의 권세를 깨뜨리시고 부활하셨다. 승천하신 다음 보혜사 성령님을 우리 가운데 보내 주셨다.

주님은 누군가를 우리 곁에 두어 우리의 구원을 위해 기도하게 하셨다. 어느 날 복음을 듣게 하시고 성령님을 통해 그 복음의 진리를 깨닫게 하셨다. 그래서 우리가 마음의 문을 열고 예수님을 영접하여 죄 사함을 받고 하나님의 자녀가 된 것이다.

예수님을 믿기 전에는 몰랐지만 예수님을 믿고 나서 돌아보니 주님이 나의 구원을 위하여 준비해 두신 사람들이 있었다. 그 가운데 인생의 풍랑도 있었다. 이와 같이 우리의 구원은 어느 날 즉흥적으로 이루어진 우연한 사건이 아니다. 하나님이 철저하게 준비하시고 이루신 은혜의 사건인 것이다.

하나님이 포도나무를 애굽에서 가져다가 가나안의 원주민들을 쫓아내시고 그것을 그 땅에 심으시고 가꾸셨다. 주께서 가꾸심으로 그 뿌리가 깊이 박혀 땅에 가득했다.

"주께서 그 앞서 가꾸셨으므로 그 뿌리가 깊이 박혀서 땅에 가득하며"(시 80:9).

뿌리가 박혔다는 것은 쉽게 정착하고 세력을 확장했다는 것을 말한다.

"그 그늘이 산들을 가리고 그 가지는 하나님의 백향목 같으며 그 가지가 바다까지 뻗고 넝쿨이 강까지 미쳤거늘"(시 80:10-11).

역사적으로 보면 시편 80편 10-11절의 상황은 다윗과 솔로몬 시대이다. 다윗과 솔로몬 시대에 이스라엘은 그늘이 산들을 가리고 가지가 바다까지 뻗고 넝쿨이 강까지 미칠 만큼 역사상

가장 번영하고 부강한 나라였다. "그 가지가 하나님의 백향목과
같았다"는 말은 모든 사람의 부러움을 살 정도로 존귀한 자가
되었음을 말하는 것이다.

하지만 이렇게 왕성하게 번영하던 이스라엘이 그만 망하게
되었다.

> "주께서 어찌하여 그 담을 허시사 길을 지나가는 모든 이들
> 이 그것을 따게 하셨나이까"(시 80:12).

여기서 "담을 허셨다"는 말은 하나님이 국경선을 헐어버리
셨다는 것으로 나라를 빼앗기고 포로로 끌려갔음을 뜻하는 것
이다.

> "숲 속의 멧돼지들이 상해하며 들짐승들이 먹나이다"(시
> 80:13).

하나님이 그 담을 헐어버리자 숲 속의 "멧돼지"와 "들짐승들"
이 포도원을 짓밟고 그 열매를 다 먹어버렸다. 여기서 멧돼지와
들짐승은 이방인을 상징한다. 히브리인들에게 야생동물인 멧돼
지는 가장 난폭하고 혐오스러운 짐승이다. 그토록 난폭한 이방
인인 앗수르가 와서 포도원을 짓밟고 귀한 것들을 다 가져가고
사람들까지 포로로 잡아가 버렸다는 것이다.

주님이 그렇게 하셨다. 한 포도나무를 애굽에서 가져다가 가나안의 원주민들을 쫓아내시고 그곳에 심으신 하나님이 그렇게 하신 것이다. 친히 그들을 위해 예비하시고 뿌리를 깊이 박게 하시어 모든 세상 사람이 부러워할 만큼 왕성과 번영을 허락하셨던 주님이 그렇게 하셨다.

하나님은 왜 이스라엘을 패망하게 하셨는가? 하나님께 앗수르의 군대를 막아낼 힘이 없었기 때문인가? 아니다. 그들이 하나님의 말씀에 순종하지 않았기 때문이다. 열매를 맺어야 할 포도나무 가지가 열매를 맺지 못했기 때문인 것이다. 앞서 언급했듯이 포도나무의 가치는 열매를 맺는 데 있다. 하나님은 이렇게 말씀하셨다.

"너희가 만일 돌아서서 내가 너희 앞에 둔 내 율례와 명령을 버리고 가서 다른 신들을 섬겨 그들을 경배하면 내가 너희에게 준 땅에서 그 뿌리를 뽑아 내고"(대하 7:19-20a).

우리는 여기서 중요한 교훈을 얻을 수 있다. 성경에 나오는 포도원은 오늘날 교회를 말한다. 그렇다면 교회를 세우신 이는 누구인가? 바로 주님이시다. 주님은 베드로가 "주는 그리스도시요 살아계신 하나님의 아들이시니이다"(마 16:16)라고 놀라운 신앙고백을 할 때 "내가 이 반석 위에 내 교회를 세우리니 음부의 권세가 이기지 못하리라"(마 16:18)고 말씀하셨다.

주님이 몸 된 교회를 지키고 보호하시므로 음부의 권세가 결코 교회를 이기지 못한다. 교회는 주님의 몸이요 하나님 나라이다. 그래서 하나님이 당신의 능력으로 교회를 굳건히 지키시는 것이다.

물론 전제 조건이 있다. 주님의 몸 된 교회가 머리 되신 주님의 지시를 받고 그 말씀에 순종해야 한다는 것이다. 가지인 우리가 포도나무이신 주님께 붙어 있어 열매를 맺어야 한다. 주님이 세우신 몸 된 교회라도 하나님의 말씀에 불순종하고 열매를 맺지 못하면 하나님은 그 보호 장벽을 거두실 것이다. 불행하게도 사탄과 그를 추종하는 자들에게 짓밟힘을 당하고 수탈을 당할 수 있다. 하나님이 촛대를 옮기실 수 있는 것이다.

오늘날 우리 주변에 이렇게 숲 속의 멧돼지와 들짐승들의 공격을 받아 황폐화된 포도원이 얼마나 많은가? 교회인 우리는 언제나 우리의 생각을 내려놓고 주님의 말씀에 순종하는 자로 살아야 한다. 주님 안에 거하며 주님이 원하시는 아름다운 열매를 맺어야 하는 것이다. 또한 열매가 없는 교회는 제거될 수밖에 없다는 것을 반드시 기억하기 바란다.

무엇이든 주를 위하여 하라

이제 시인은 자신이 처한 포도원의 참담함을 토로하고 만군의 하나님께 "만군의 하나님이여 구하옵나니 돌아오소서 하늘에서 굽어 보시고 이 포도나무를 돌보소서"(시 80:14)라고 기도

한다. 한마디로 긍휼히 여겨 달라는 것이다.

그런데 그냥 도와 달라고 하지 않는다. 본문에 나오듯이 "주의 오른손으로 심으신 줄기요 주를 위하여 힘 있게 하신 가지"이기 때문에 도와 달라고 말한다. 여기서 하나님이 그들을 오른손으로 심으신 이유가 나온다. 하나님은 왜 그들을 애굽에서 구원하여 내셨는가? 하나님은 왜 가나안의 원주민을 몰아내시고 그들에게 약속의 땅 가나안을 주셨는가? 그것은 '주를 위하여'이다.

하나님이 왜 우리를 힘 있게 하셨는가? 왜 우리를 구원하셨는가? 왜 귀한 달란트를 주셨는가? 왜 기도를 들으시고 응답하셨는가? 왜 물질을 주시고 그것을 선용하게 하시는가? 이유는 단한 가지, 오직 주를 위해 살게 하시려는 것이다.

그래서 사도 바울은 "그런즉 너희가 먹든지 마시든지 무엇을 하든지 다 하나님의 영광을 위하여 하라"(고전 10:31)고 했다. 또한 "값으로 산 것이 되었으니 그런즉 너희 몸으로 하나님께 영광을 돌리라"(고전 6:20)고도 했다. 하나님이 우리를 지으신 목적도 마찬가지이다.

> "이 백성은 내가 나를 위하여 지었나니 나를 찬송하게 하려 함이라"(사 43:21).

우리는 오직 주를 위하여 살도록 창조되었다. 그리고 하나님의 다함없는 사랑과 은혜로 구원받았다.

신앙과 미신의 차이는 특별히 다른 것이 아니다. 삶의 목적과 방향이 하나님을 중심으로 하는지, 자신을 중심으로 하는지의 차이다. 왜 사람들이 우상을 숭배하는가? 그들은 돈과 정성을 들여 신의 마음을 달래서 자신이 원하는 것을 얻어내려고 한다. 바로 자신의 건강, 자신의 성공, 자신의 복을 위해 우상을 숭배하는 것이다. 그래서 성경은 탐심이 곧 우상 숭배라고 말한다.

그러나 하나님을 믿는 것은 '나를 위하여'가 아니다. '주를 위하여'이다. 나를 지으신 하나님, 나를 구원하신 하나님, 나에게 은혜를 베풀어주신 그 하나님을 위해 사는 것이다. 우리가 하나님 나라와 의를 구하며 주를 위하여 살 때, 주님은 우리의 인생을 반드시 책임져 주신다. 구하지 않은 것까지 더하여 채워 주신다.

주의 권능의 손을 구하라

"주의 오른쪽에 있는 자 곧 주를 위하여 힘 있게 하신 인자에게 주의 손을 얹으소서"(시 80:17).

"오른쪽에 있는 자 곧 주를 위하여 힘 있게 하신 인자"는 누구인가? 어떤 사람은 메시아이신 예수 그리스도를 가리킨다고 말한다. 하지만 문맥적으로는 하나님의 택하신 백성을 가리킨다.

바로 구원받은 우리를 말하는 것이다.

그리고 이어서 주의 오른쪽에 있는 자 곧 주를 위하여 힘 있게 하신 인자에게 주의 손을 얹어달라고 기도한다. 주의 손을 얹는 것은 주의 권능을 위임하는 것을 말한다. 즉 하나님의 자녀 된 우리에게 권능을 베풀어달라는 것이다.

시인이 그렇게 말하는 데는 특별한 이유가 있다.

"그리하시면 우리가 주에게서 물러가지 아니하오리니"(시 80:18a).

시인은 우리가 주에게서 물러가지 않겠다고 한다. 신앙을 버리거나 하나님을 배반하지 않겠다는 것이다. 결코 다시는 우상을 숭배하지 않겠다는 것이다. 이 말은 어떤 상황에서도 주님을 떠나거나 멀어지지 않겠다는 결연한 선언이다. 오직 하나님만 바라보며, 오직 주님만을 위해 살겠다는 믿음의 고백인 것이다.

시인은 소생하기 위해서 주의 손을 얹어 달라고 말한다.

"우리를 소생케 하소서 우리가 주의 이름을 부르리이다"(시 80:18b).

시인은 지금 자신의 상태가 죽은 자와 같다는 것을 알고 있었다. 하지만 주님이 주의 손을 얹으시면 다시 소생할 수 있다는 것도 믿었다. 모든 사람이 "이제 너는 죽었다", "너희 시대는 끝이 났다"라고 말하지만 주님의 손이 함께하시면 죽은 자가 무덤에서 살아나듯이 다시 소생할 수 있다는 것을 확신한 것이다.

그렇다. 실패하고 넘어져 인생 가운데 한 줄기 빛도 보이지 않아도 주님이 권능의 손을 얹으시면 다시 소생할 수 있다. 사탄은 끝이라고 속삭이고 사람들은 안 된다고 큰소리쳐도 그 모든 것을 뛰어넘는 주님의 역사는 선하시다. 영광의 은혜가 있다. 주님이 권능의 손을 얹으시면 다시 일어설 수 있는 것이다.

그런데 소생하는 것보다 더 중요한 것이 있다. 그것은 "우리가 주의 이름을 부르겠다"라는 믿음의 선포이다. 소생하면서 타락하고 주님과 멀어진 자들이 많다. 그때는 간절했지만 문제가 해결되니 주님이 필요하지 않다며 교만한 죄를 저지르는 것이다. 그래서 이것을 목도했던 시인은 "주님이 손을 얹으사 당신의 권능으로 우리를 살려 주시면 우리가 주의 이름을 부르리이다"라고 기도한다.

여기서 "이름"은 단순한 호칭이 아니다. 그 사람의 인격과 존재 그 자체를 의미한다. '부르리이다'라는 말은 '외치다', '전파하다', '공포하다'라는 뜻이다. 즉 주님이 내게 행하신 그 놀라운 일을 사람들에게 소리 높여 외치겠다는 것이다. 내게 손을 얹으사 나를 구원하시면 나를 구원하신 주님이 얼마나 위대하신지만방에 전파하겠다는 것이다. 또한 하나님의 이름에 합당한 삶을 살겠다는 것이다.

혹시 어느 순간 주님과 멀어진 삶을 살고 있는가? 한 줄기 빛도 보이지 않을 만큼 절망 가운데 있는가? 실패와 두려움으로 인생이 끝났다고 생각하지는 않는가? 단언컨대 그것은 하나님이 주시는 마음이 아니다. 사람의 끝이 하나님의 시작이다. 우리가 누구인가? 주님이 "오른손으로 심으신 줄기"이며 "주를 위하여 힘 있게 하신 가지"이다. 그러므로 주님이 오늘 권능의 손을 얹으시면 다시 일어설 수 있다. 다시 소생케 되어 주의 이름을 부르게 될 것이다. 바로 이 믿음으로 주님의 영광을 찬송하는 복된 인생이 되기를 소망한다.

우리가
하나님 나라와
의를 구하며 살 때,
주님은
우리의 인생을 끝까지
책임져 주신다.
구하지 않은 것까지
더하여 주신다.

. . . . .

주님은 첫사랑이 마지막 사랑이셨다.
처음 주신 마음을 끝까지 다 흘려보내셨다.
우리의 사랑은 어떠한가?
첫사랑의 기억은커녕
주님의 마지막 사랑조차 잊고 있는 것은 아닌가?

언제나 처음처럼 사랑하라

우리나라는 드라마 공화국이다. 주말 드라마, 월화 드라마, 수목 드라마, 아침 드라마까지 정말 많은 드라마를 제작하고 방영한다. 〈사랑이 뭐길래〉, 〈모래시계〉, 〈허준〉, 〈대장금〉 최근 방영했던 〈태양의 후예〉까지 기억에 남는 드라마가 참으로 많다. 그런데 그 많은 드라마 중 최고의 시청률을 자랑했던 드라마를 알고 있는가? 그것은 바로 1997년에 방영된 〈첫사랑〉이라는 드라마이다. 무려 시청률이 65.8%나 되었다. 그리고 이 기록은 앞으로도 쉽게 깨지지 않을 것 같다.

인터넷 검색을 해보면 셀 수 없을 정도로 많은 드라마, 영화, 뮤지컬, 시, 소설이 첫사랑을 소재로 다룬다. 첫사랑, 이 말만 들어도 무언가 애틋하다.

오랜 세월이 흘러도 첫사랑을 잊지 못하는 이유는 무엇인가? 지금 생각하면 유치하고 촌스러운데 왜 그렇게 잊지 못하는 것인가? 그것은 아마 난생 처음의 사랑이고 가장 아름답고 순수했던 사랑이었기 때문일 것이다. 사랑에 대한 계산이 없고 조건을 보지 않았던 시절이기에 첫사랑은 이렇게 생각만 해도 가슴이 뛰고 순수하고 아름다웠던 추억이다.

성경에도 이처럼 첫사랑을 언급한 구절이 있다.

"너의 처음 사랑을 버렸느니라"(계 2:4b).

하나님은 사도 요한을 통하여 에베소 교회를 책망하시면서 처음 사랑을 버렸다고 말씀하셨다.

들으라, 바로 우리에게 말씀하신다

본문은 일곱 별을 붙잡고 일곱 금 촛대 사이를 거니시는 이가 에베소 교회 사자에게 보낸 편지이다.

"에베소 교회의 사자에게 편지하라"(계 2:1a).

편지는 언제나 보내는 사람과 받는 사람이 있다. 발신자와 수신자에 따라 편지의 내용과 격이 달라질 수밖에 없다. 밧모 섬에

유배 중이던 사도 요한이 예배를 드리고 있는데 성령의 큰 감동이 임했다. 그리고 환상 중에 나팔 소리 같은 큰 음성이 들려왔다. "네가 보는 것을 두루마리에 써서 일곱 교회에 보내라." 그래서 사도 요한은 자신이 본 것을 그대로 써서 소아시아의 일곱 교회에 보냈다. 그중 가장 먼저 나오는 교회가 바로 에베소 교회이다.

그렇다면 이 편지의 발신자는 누구인가?

"오른손에 있는 일곱 별을 붙잡고 일곱 금 촛대 사이를 거니시는 이가 이르시되"(계 2:1b).

사도 요한은 환상 중에 "네가 보는 것을 두루마리에 써서 일곱 교회에 보내라"는 음성을 듣고 몸을 돌이키려고 하는 순간 일곱 금 촛대를 보았다. 그리고 일곱 금 촛대 사이에 인자 같은 이가 계시는 것을 보았다.

그는 발에 끌리는 옷을 입었고, 머리털이 양털 같이 희고, 눈은 불꽃같고, 발은 빛나는 주석 같고, 음성은 많은 물소리와 같았다. 그리고 오른손에는 일곱 별이 있고 입에서 좌우에 날선 검이 나오고 얼굴은 해가 힘 있게 비치는 것 같았다. 그리고 사망과 음부의 열쇠를 가지고 있었다. 그분은 누구인가? 바로 우리의 왕 되시며 교회의 머리 되신 예수님이다.

본문에서 예수 그리스도를 표현하고 있는 부분을 더 구체적으로 살펴보자.

"오른손에 있는 일곱 별을 붙잡고"(계 2:1).

"일곱 별"은 일곱 교회의 사자를 말한다. 주님은 일곱 별을 당신의 오른손으로 붙잡고 계신다. 이것이 바로 교회이다. 교회는 건물도, 조직도, 세상의 단체도, 주식회사도 아니다. 아무리 많은 사람이 모이고 웅장한 건물을 가지고 있고 화려한 예배를 드려도 예수님의 손에 붙들려 있지 않으면 교회가 아니다. 예수님의 오른손에 붙잡혀 있는 교회가 참된 교회이다.

목회자도 마찬가지이다. 아무리 스펙이 좋고 박사 학위가 있어도 매일 예수님의 손에 붙들려 있지 않으면 주의 종이 아니다. 예수님은 왜 일곱 교회의 사자를 오른손으로 붙들고 계시는가?

그것은 그 교회를 주장하시고 책임지시는 분이 바로 주님이시기 때문이다. 교회는 주님의 몸이고, 교회의 머리는 주님이시다. 따라서 교회의 머리 되신 주님이 그 교회의 사자를 붙잡고 계시는 것이다.

주님이 강한 오른손으로 붙잡고 계신다는 것은 교회를 주장하고 다스리시는 분이 교회의 머리 되신 주님 한 분뿐임을 의미한다. 그 누구도 마음대로 교회를 주장하거나 다스려서는 안 된다.

그런데 우리는 이러한 주님의 교회를 우리의 마음과 생각대로 좌지우지하려고 한다. 한국 교회가 왜 이렇게 어려움을 당하고 손가락질을 당하는가? 그것은 목회자와 성도가 주님의 손에 붙들려 있지 않고 자신의 생각과 욕심을 따라 행하기 때문이다. 가슴 아프지만 교회 지도자인 목회자가 사리사욕을 품고 목회를 하기 때문인 것이다.

이 말씀을 묵상하면서 주님의 손에 붙들린 목사가 되자고 다시 한 번 다짐했다. 아무리 목사라도 날마다 말씀과 기도를 의지하여 주님의 손에 붙들려 있지 않으면 세상의 권력과 육신의 정욕과 탐욕에 붙잡혀 살 수밖에 없다. 따라서 내가 섬기는 오류교회가 다음 세대를 세우고 주의 오실 길을 예비하는 선교적 사명을 감당하려면, 목사인 나부터 먼저 주님의 오른손에 붙들려 있어야 한다. 그리고 모든 성도가 자신의 생각을 내려놓고 성령의 인도하심을 따라 나아가야 한다. 주님이 교회를 강한 오른손으로 붙잡고 계시기 때문이다.

"일곱 금 촛대 사이를 거니시는 이가 이르시되"(계 2:1b).

"일곱 금 촛대"는 일곱 교회를 말한다. 성소에는 금 촛대가 있다. 그런데 이 금 촛대는 건강한 교회에 대해 잘 보여 준다. 금 촛대는 순금으로 만들어졌다. 순금은 불순물이 없고 시간이 지나도 변하지 않는다. 마찬가지로 교회도 불순물이 없어야 한다. 교회가 세상과 타협하면 안 된다. 세상의 가치와 기준이 교회의 가치와 기준이 되면 안 된다. 신본주의가 되어야지 인본주의가 되면 안 되는 것이다. 아무리 세상이 동성연애를 인정하고 종교

다원주의를 말해도 교회는 오직 예수 그리스도만이 길이요 진리요 생명이심을 고백해야 한다.

"금 촛대"는 불을 밝히기 위해 존재한다. 불을 밝히려면 기름이 필요하다. 이와 같이 교회가 교회의 사명을 감당하고 어두운 시대에 빛을 발하려면 성령의 기름 부으심이 있어야 한다. 아무리 순금으로 잘 만들어진 금 촛대가 있어도 기름이 없다면 불을 밝힐 수 없다. 교회도 아무리 역사와 전통을 자랑하고 많은 사람이 모여 예배를 드려도 성령의 기름 부으심이 없으면 교회의 사명을 감당할 수가 없다. 교회인 우리는 끊임없이 성령 충만을 받고 성령의 기름 부으심을 공급받아야 한다. 그래야 교회가 교회답게 생명을 살리는 사역을 감당할 수 있다.

요한계시록 2장 1절에서 예수님은 일곱 금 촛대 사이를 거닐고 계신다. 이 모습은 주님이 교회를 위하여 쉬지 않고 일하시는 것을 보여준다. 주님은 금 촛대인 교회가 어두운 이 세상에 빛을 발할 수 있도록, 노아의 방주처럼 생명을 살리는 일을 감당할 수 있도록, 주님이 교회에 주신 그 비전을 성취할 수 있도록 쉬지 않고 일하시고 계신 것이다.

그래, 잘하고 있다

이렇게 일곱 별을 붙잡고 일곱 금 촛대 사이를 거니시는 예수님은 먼저 에베소 교회를 칭찬하셨다.

"내가 네 행위와 수고와 네 인내를 알고 또 악한 자들을 용
납하지 아니한 것과 자칭 사도라 하되 아닌 자들을 시험하
여 그의 거짓된 것을 네가 드러낸 것과"(계 2:2).

주님은 네 행위와 수고와 인내를 다 안다고 말씀하셨다. 주
님의 칭찬을 받았지만 에베소 교회가 로마 황제 숭배로 인한
핍박 가운데 여러 행위와 수고와 인내로 지냈다는 것을 알 수
있다.

에베소 교회는 말뿐인 교회가 아니라 행함이 있는 교회였다.
그리고 악한 자들을 용납하지 않았다. 자칭 사도라 하면서 찾아
오는 사람들이 있었지만 말씀으로 철저히 물리쳤다. 본문 6절
에 나와 있듯이 에베소 교회는 니골라 당의 행위를 미워했다. 니
골라 당은 한 번 하나님을 믿은 후로는 율법의 때가 지나갔으니
율법을 지킬 필요가 없고, 육신은 악이요 영만 선하기에 육신으
로는 무엇이든 할 수 있다고 주장했다. 한마디로 예수님을 믿고
난 다음에는 어떤 행동을 해도 죄가 되지 않는다는 것이었다. 에
베소 교회는 이런 니골라 당의 행위를 미워했다.

또한 에베소 교회는 잘 참고 인내하며 게으르지 않았다.

"또 네가 참고 내 이름을 위하여 견디고 게으르지 아니한 것
을 아노라"(계 2:3).

자신들의 이익과 목적을 위해서가 아니었다. 주님의 이름을 위하여 핍박 가운데서도 잘 참고 인내했다. 인내의 동기가 바로 주님이었다. 말씀에 나오는 달란트 비유에서 알 수 있듯이 마지막 날에 주님의 책망은 "이 악하고 게으른 종"이다. 하지만 에베소 교회는 게으르지 않았다. 핍박 중에도 주님의 이름을 위하여 열심을 품고 주를 섬겼다.

처음 사랑을 잃어 버렸다

그러나 에베소 교회를 칭찬하신 주님이 이제는 책망할 것이 있다고 하신다.

> "그러나 너를 책망할 것이 있나니 너의 처음 사랑을 버렸느니라"(계 2:4).

사람들의 관계에서도 처음 사랑이 있듯이 주님을 만난 사람에게도 처음 사랑이 있다. 에베소 교회 성도들도 복음을 듣고 주님을 영접했을 때 주님에 대한 뜨거운 사랑이 있었다. 그 사랑으로 예배를 사모하며 시간 가는 줄 모르고 예배를 드렸다. 기쁨으로 봉사도 하고 핍박도 견뎠다. 그런데 시간이 흐르면서 주님에 대한 처음 사랑을 잃어버렸다. 여전히 선한 일을 하고 핍박 가운데 잘 참으며 이단과의 싸움도 잘했지만 주님에 대한 처음 사랑이 없어진 것이다.

우리의 모습도 마찬가지이다. 우리에게도 주님에 대한 뜨거운 처음 사랑의 순간이 있었다. 길을 걷다가도 주님의 섭리를 찬양하고 운전을 하다가도 나를 위하여 십자가에 달려 죽으신 그 주님 생각에 차를 멈추고 눈물을 흘린 시간이 있었다. '주님'이라는 말만으로도 눈시울이 뜨거워져서 남모르게 눈물 훔친 적도 많았다.

나 같은 죄인을 사랑하사 구원해 주신 주님의 은혜와 사랑에 가슴이 터지도록 "주님 사랑합니다, 주님 사랑해요!"를 외치며 기도하던 시간이 있었다. 예배당에 들어가는 순간부터 주님의 임재를 느끼고 예배 시간 내내 주님의 위로와 격려에 감사하며 눈물만 흘리다가 돌아간 적도 있었다. 찬양을 부를 때마다 그 가사가 신앙고백이 되고 목회자를 통해 듣는 말씀 앞에 가슴을 치며 통곡한 적이 있었다.

그런데 어느 순간 주님에 대한 처음 사랑이 사라져버렸다. 에베소 교회 성도들처럼 여전히 교회에 나가 예배드리고 선한 일도 행하고 봉사도 많이 하며 이단과의 싸움도 잘하는데 가장 중요한 주님에 대한 처음 사랑을 잃어버렸다. 그래서 주님은 오늘 우리를 향하여 처음 사랑을 회복하라고 책망하신다. 뜨겁고 순수한 그 처음 사랑의 마음으로 예배드리고 기도하고 선한 일을 행하며 살라는 것이다.

바로 지금 처음 사랑을 회복하라

그렇다면 어떻게 해야 잃어버린 처음 사랑을 회복할 수 있는가?

> "그러므로 어디서 떨어졌는지를 생각하고 회개하여 처음 행위를 가지라"(계 2:5a).

예수님은 책망만 하지 않으시고 처방을 내려 주셨다. 처음 사랑을 회복하는 첫 단계는 어디서 떨어졌는지 생각하라는 것이다. 처음 사랑이 식는 데는 이유가 있다. 대부분 시간이 가고 세월이 흐르면서 사랑이 식는다.

〈라이프(Life)〉지에 "사랑의 과학"이라는 논문이 실린 적이 있다. 처음 사랑, 즉 '정말 저 사람 없이는 내가 못 살 것 같아'라는 감정에 대한 연구 분석 결과, 그 감정이 18개월밖에 가지 않는다는 내용이다. 또 말 한마디에 뜨거운 가슴이 얼음장처럼 차가워지기도 한다. 그래서 "입술의 30초가 가슴의 30년이 된다"라는 말이 있다. 남편의 외도와 폭언, 아내의 과소비, 시월드에 대한 차별 등 사랑이 식는 이유는 반드시 있다.

본문에서 "생각하라"라는 동사는 현재 능동형으로 되어 있다. 계속 어디서부터 처음 사랑이 식었는지, 언제부터 신앙이 변질되었는지를 생각해 보라는 것이다.

에베소 교회가 처음 사랑을 버린 데는 두 가지 이유가 있다.

하나는 경제적 풍요와 세상 유혹 때문이다. 에베소는 소아시아 지방 제일의 항구 도시로 금융과 향락의 도시였다. 그러다 보니 경제적으로 풍요롭고 그에 따른 향락 산업의 발달로 많은 유혹이 있었다.

에베소 교회만이 아니라 우리도 마찬가지이다. 가난하고 힘들고 어려울 때는 주님만 의지하며 살아간다. 주님 없이는 살 수 없고 주님만이 인생의 해답이라며 주님의 은혜 속에 살아간다. 하지만 먹고살만하고 살 집과 좋은 차를 마련하면 주님과 멀어진다. 예배의 자리에서 멀어지는 것이다.

또 에베소 교회가 처음 사랑을 버린 이유 중 다른 하나는 에베소 교회가 신앙의 순수성을 지키려고 이단과 했던 영적 전쟁 때문이다. 에베소 교회는 신앙의 순수성을 지키기 위해 거짓 교사로 의심되는 자들을 시험하는 열정까지 보였다. 그런데 문제는 이단과의 영적 전쟁이 다른 형제들을 향한 사랑을 식게 한 것이다. 오직 관찰하고 비판하는 일만 하다 보니 형제에 대한 사랑과 주님에 대한 뜨거운 열정이 사라지고 말았다. 따뜻한 가슴은 사라지고 차가운 시선만 가득 찬 교회가 되어버린 것이다. 이단과의 영적 전쟁은 필요하지만 이것 때문에 처음 사랑을 잊고 냉랭하게 변질되어서는 안 된다.

이와 같이 에베소 교회는 경제적 풍요로움과 이단과의 치열한 전쟁을 치르면서 처음 사랑을 잃어 버렸다. 그렇다면 나는 어디서부터 주님에 대한 처음 사랑이 식은 것인가? 경제적으로 풍성해지고 생활이 안정되면서부터인가? 이해할 수 없는 고난 때문인가? 질병 때문인가? 상처 때문인가? 사업의 실패 때문인가?

말씀과 기도를 통하여 처음 사랑을 잃어버린 이유를 찾았다면 그것을 회개해야 한다. 본문 속 회개라는 말은 부정과거로 쓰여 있는데 그것은 단번에 회개하라는 것이다. 사랑이 식은 원인을 발견했을 때 우물쭈물대지 말고 변명의 구실을 찾으려 하지 말고 누구 때문이라고 말하지 말고 단순히 주님 앞에 모든 죄를 아뢰며 회개해야 한다. 그러므로 끊을 것은 끊고 풀 것은 풀며 고백할 것은 고백하고 단호하게 회개하라.

처음 사랑을 버리게 된 원인을 발견하고 회개했다면 결단하고 처음 행위를 가져야 한다. 적극적으로 행동하라는 것이다. 아버지의 집을 떠났던 탕자가 자존심을 내려놓고 다시 집으로 돌아갔던 것처럼 우리도 이제 행동으로 옮겨야 한다. 예배의 자리에서 멀어져서 처음 사랑이 식었다면 다시 눈물로 뜨겁게 하나님을 예배했던 그 자리로 나아가 거룩한 두 손을 들어야 한다. 뜨거운 마음으로 복음을 전했던 전도의 자리, 시간 가는 줄도 모르고 기도했던 기도의 자리로 나아가 낙타 무릎을 꿇어야 한다.

주님은 "생각하고 회개하고 처음 행위를 가지라"(계 2:5a)라고 말씀하셨다. 처음 사랑을 회복하라는 것이다. 하지만 에베소 교회는 이 경고를 무시했다. 그래서 주님은 "그리하지 아니하고 회개하지 아니하면 내가 네게 가서 네 촛대를 그 자리에서 옮기리라"(계 2:5b)고 말씀하셨다. 회개를 촉구하는 주님의 말씀을 듣고도 회개하여 처음 사랑을 회복하지 않으면 결국 촛대를 옮기시겠다는 것이다.

"촛대를 옮기겠다"라는 말은 헬라어로 '한 곳에서 다른 곳으로 옮기다'라는 의미로 '제거해 버리다', '밀어버리다'라는 뜻에 가깝다. 예수님의 처방을 받아들이지 않고 끝까지 회개하지 않으면 그 교회를 역사 속에서 지워버리겠는 것이다.

그런데 안타깝게도 에베소 교회는 처음 사랑을 회복하지 못했다. 터키로 성지순례를 가 보면 알겠지만 에베소 교회는 역사 속에서 사라졌다. 소아시아 일곱 교회도 마찬가지이다. 역사적으로 한 시대에 복음의 꽃을 피우며 부흥을 경험했던 많은 교회가 흔적도 없이 사라졌다.

그러므로 우리도 하나님의 말씀에 비추어 죄를 회개하고 처음 행위를 가져야 한다. 처음 사랑을 회복해야 하는 것이다. 그 처음 사랑의 마음으로 예배를 드리고 기도를 드리고 선한 일을 행하며 살아야 한다. 그렇게 하나님과 동행하는 날마다의 삶이 처음 사랑을 회복하여 은혜를 누리는 복된 시간이 되기를 소망한다.

4부

지친 날들에
하나님은 일어설
힘과 능력이 되신다

· · · · ·

선택한 것을 보면
그 사람의 마음이 어떠한 지를 알 수 있다.
가룟 유다는 은자를 선택했고,
주님은 십자가를 선택하셨다.
당신의 선택은 무엇인가?

선택한 것을 보면 그 마음을 알 수 있다

1980년대 '순간의 선택이 10년을 좌우합니다'라는 광고 문구가 있었다. 얼마 전 〈응답하라〉 시리즈가 열풍을 일으키면서 LG 전자가 이 광고 문구를 다시 사용하기 시작했다. 수많은 선택의 갈림길에서 고뇌하며 살아가는 사람들의 심리를 파고든 강렬한 이 문장은 당대에 크게 히트했고 지금도 회자되고 있다. 그만큼 선택의 중요성에 대해 모두 인지하고 있는 것이다.

우리는 끊임없이 생각하고 판단하여 결정을 내려야 한다. 무엇을 먹을 것인가? 어떤 옷을 입을 것인가? 어떤 직업을 가질 것인가? 어디서 살 것인가? 어떤 사람을 만날 것인가? 그야말로 인생은 선택의 연속이다.

그래서 철학자 샤르트르는 "Life is C(Choice) between B(Birth) and D(Death)"라고 했다. 이 말을 직역하면 "인생은 탄생과 죽음 사이의 선택이다"라고 할 수 있다. 우리는 눈을 뜨는 순간부터 잠자리에 들 때까지, 태어나는 순간부터 죽는 순간까지 수많은 선택을 한다. 살아 숨쉬는 모든 삶의 현장에 크고 작은 선택이 있는 것이다. 인생은 선택의 연속이다.

사망이 아닌 생명을 선택하라

에덴동산에 거하며 살았던 첫 사람 아담과 하와도 마찬가지였다. 에덴동산의 중앙에는 생명나무의 열매도 있고 선악을 알게 하는 나무의 열매도 있었다. 그런데 아담과 하와는 이것을 먹으면 눈이 밝아져 하나님과 같이 선악을 알게 된다는 사탄의 유혹을 받았다. 그리고 결정의 순간이 다가왔을 때 그들은 스스로 생각하고 판단하여 선악과를 따서 먹었다. 그 결과 아담의 후손으로 태어난 우리 모두 죄 가운데 놓이게 되었고 온갖 저주가 우리에게 임한 것이다. 한순간의 선택으로 결과는 너무 비참해졌다.

인생의 성공과 실패는 선택에 달려 있다. 행복과 불행, 복과 저주도 선택의 지대한 영향을 받는다. 그러므로 하나님의 사람인 우리는 저주가 아닌 복을 선택해야 한다. 사망이 아닌 생명을 선택해야 하는 것이다.

하나님은 우리 앞에 복과 저주를 두셨다고 말씀하신다.

"보라 내가 오늘 생명과 복과 사망과 화를 네 앞에 두었나니"(신 30:15).

신명기 11장 26절에도 동일한 말씀이 나온다.

"내가 오늘 복과 저주를 너희 앞에 두나니"(신 11:26).

하나님은 우리의 인생길에 생명과 사망, 복과 저주를 두셨다. 복과 저주가 지금 우리 앞에 있다. 사망과 생명도 있다. 우리는 그중 하나를 선택해야 하는 것이다. 우리가 복을 선택하면 복이 우리에게 임하고, 저주를 선택하면 저주가 우리에게 임한다. 생명을 선택하면 생명을 얻고 그 생명의 풍성함 가운데 살지만 사망을 선택하면 사망의 나락으로 떨어지게 된다.

여기서 말하는 생명과 복은 동일한 의미이다. 사망과 저주도 마찬가지이다. 그러므로 생명을 선택하는 것은 복을 선택하는 것이고, 사망을 선택하는 것은 저주를 선택하는 것이다.

우리 앞에 생명과 사망이 있다는 것은 우리 인생에도 에덴동산처럼 생명과와 선악과가 있다는 것을 의미한다. 생명과와 선악과는 에덴동산에만 있는 것이 아니라 지금 우리의 삶의 현장에도 있다. 그러므로 우리는 매일 매 순간 선악을 알게 하는 나무가 아니라 생명을 얻는 나무의 열매를 선택해야 한다. 선택은 내가 하는 것이므로 그 선택의 결과와 책임도 내가 져야 한다.

하나님의 사람은 운명을 따르지 않는다. 그런데 많은 사람이 운명론적 사고를 가지고 운명에 맡겨 인생을 산다. 그러나 모든 것이 정해져 있다는 생각은 하나님의 섭리를 부정하는 것이다. 단언하건대 그 누구도 저주받을 운명을 안고 태어나지 않았다.

성경은 운명론을 인정하지 않는다. 운명론은 사람의 의지와 상관없이 모든 인생행로가 결정되어 있다는 주장으로 대부분의 종교가 이러한 내용을 교리에 담고 있다.

유일신을 믿는다는 이슬람교도 마찬가지이다. 무슬림들은 이슬람력 여덟 번째 달 15일을 알라에 의하여 그 해의 모든 운명이 결정되는 날이라고 믿는다. 그래서 그들은 '인샬라'(in shāʾ Allāh)라는 말을 자주 사용하는데 이것은 모든 것이 알라의 뜻이라는 말이다. 모든 것이 '인샬라'이니까 엄청난 부의 세습이 이루어지고 각종 테러가 진행되어도 그것을 받아들이는 것이다.

우리나라 사람들도 예외는 아니다. 연초가 되면 사주팔자(四柱八字)를 많이 본다. 사주란 사람이 태어난 생년월일시를 말한다. 누구나 자신이 태어난 생년월일시에 따라 네 개의 기둥과 여덟 개의 글자를 부여받는데 이것을 사주팔자라고 부른다. 타고난 운명이 있다는 것이다. 그래서 "빌어먹을 팔자를 가지고 태어났다"라거나 "말띠 여자는 기가 세다"라는 식의 말이 나오는 것이다. 또한 "팔자가 드센 여자가 집안에 들어와 평지풍파를 일으킨다"라는 말도 사주팔자에서 나온 것이다. 팔자타령, 신세타령 모두 운명론에서 나온 말이다.

그러나 성경에는 타고난 운명이 나오지 않는다. 가끔 기독교의 예정론을 운명론으로 착각하는 사람이 있는데, 기독교의 예정론은 인간의 역사적 행위와 책임을 강조하며 하나님의 섭리와 주권에 대한 찬양을 강조하는 것이다. 운명론과는 전혀 다르다.

하나님의 사람은 운명에 맡겨 인생을 살지 않는다. 실패하고 쓰러지고 넘어져도 포기하지 않고 다시 일어서는 것, 그것이 하나님이 주신 선물과도 같은 인생을 사는 믿음이다.

성경에서 하나님의 사람들은 일곱 번 쓰러져도 다시 일어났다. 엘리야 선지자는 3년 6개월 동안 비가 내리지 않을 때 하나님의 약속의 말씀을 듣고 아합 왕에게 선포했다.

> "엘리야가 아합에게 이르되 올라가서 먹고 마시소서 큰 비 소리가 있나이다"(왕상 18:41).

갈멜 산 꼭대기로 올라간 그는 땅에 꿇어 엎드려 얼굴을 무릎 사이에 넣고 기도했다. 왜 얼굴을 무릎 사이에 넣고 기도했는가? 주변 상황을 바라보지 않고 오직 하나님께만 집중하기 위해서였다. 기도 후에 사환을 불러 "올라가 바다 쪽을 바라보라"고 했다. 사환은 돌아와서 "아무것도 없나이다"라며 구름 한 조각도 보이지 않는다고 말했다. 하지만 엘리야는 낙심하지 않았다.

> "이르되 일곱 번까지 다시 가라"(왕상 18:43b).

사환에게 "일곱 번까지 다시 가라!"고 했다. 낙심하지 않고 포기하지 않고 일곱 번째 올라가 지중해를 바라보니 마침내 사람의 손만 한 작은 구름이 일어나기 시작했다. 잠시 후 하늘이 캄캄해지며 큰 비가 내리기 시작했다. 엘리야가 운명론자였다면 그는 일곱 번까지 기도하지 않았을 것이다. 그러나 그는 하나님의 신실하심을 믿고 포기하지 않았다. 기도의 무릎을 꿇은 것이다.

하나님의 사람은 하나님의 신실하심을 믿는다. 그래서 일곱 번 넘어져도 다시 일어설 수 있는 것이다. 잠언 기자는 말한다.

"대저 의인은 일곱 번 넘어질지라도 다시 일어나려니와 악인은 재앙으로 말미암아 엎드러지느니라"(잠 24:16).

의인과 악인의 차이는 바로 이것이다. 의인은 하나님을 신뢰하고 의지하므로 일곱 번 넘어져도 다시 일어선다. 그러나 악인은 다시 일어서지 못한다. 재앙 앞에 그대로 엎드러지고 만다.

신앙은 선택의 문제이다

복과 저주, 사망과 생명이 우리 앞에 있다. 그리심 산과 에발 산이 지금 우리 앞에 있다. 그리심 산을 선택하면 그리심 산처럼 푸르고 생명의 기운이 약동하는 삶을 살 것이고, 에발 산을 선택하면 황폐하고 그늘진 인생을 살게 될 것이다.

또한 넓은 문과 좁은 문, 넓은 길과 좁은 길이 우리의 인생 가운데 있다. 넓은 문으로 들어가 넓은 길을 선택하면 이 세상 사람들이 가는 길을 걸을 것이고, 좁은 문으로 들어가 좁은 길을 선택하면 십자가를 지고 세상 사람들이 가지 않는 외롭고 험한 길을 걷게 될 것이다. 그중 무엇을 선택하겠는가?

하나님의 사람들은 저주가 아닌 복을 선택했다. 사망이 아닌 생명을 선택했다. 믿음의 조상 아브라함은 부르심의 순간에 자기 고향과 아비 집을 택할지, 하나님이 지시하시는 땅을 선택할지의 선택의 기로에서 믿음으로 후자를 선택했다. 또 인생의 후반부에는 100세에 낳은 아들과 하나님 중 하나를 선택해야 하는 기로에서 하나님의 말씀에 대한 순종을 선택했다. 그래서 그는 믿음의 조상이 될 수 있었다.

바벨론에 포로로 끌려갔던 다니엘도 마찬가지이다. 그는 왕이 먹는 산해진미와 거룩함 중 하나를 선택하는 기로에서 왕이 먹는 음식과 포도주를 거절하고 거룩함을 선택했다. 그래서 인생의 황혼까지 영성을 잃지 않았고 영향력 있는 삶을 살았다. 다윗도 회개를 통하여 사망이 아닌 생명을 선택했다. 하지만 가룟 유다는 회개하지 않고 생명이 아닌 사망을 선택했다.

신앙은 선택이다. 아무리 인생을 열심히 살았더라도 사망을 선택하면 저주받은 인생이 되는 것이다. 신앙이 열심과 충성의 문제 이전에 선택의 문제임을 기억하라. 선택이 인생의 방향을 결정지을 것이다.

하나님을 사랑하기로 선택하라

사망이 아닌 생명을 선택하는 것은 무엇인가? 그것은 바로 하나님을 사랑하는 것이다. 본문에서 하나님은 "내가 오늘 생명과 복과 사망과 화를 네 앞에 두었다고"(신 30:15)라고 말씀하신 다음 곧바로 "네 하나님 여호와를 사랑하라"(16a절)고 말씀하신다.

또한 "내가 생명과 사망과 복과 저주를 네 앞에 두었은즉 너와 네 자손이 살기 위하여 생명을 택하라"(19b절)는 말씀에 이어 "네 하나님 여호와를 사랑하고"(20a절)라고 말씀하신다. 말씀으로 알 수 있듯이 저주가 아닌 복을 선택하고 사망이 아닌 생명을 선택하는 것은 바로 하나님을 사랑하는 것이다.

그런데 많은 사람들이 하나님을 사랑하기보다 세상을 더욱 사랑한다. 눈에 보이는 물질과 명예와 쾌락을 더욱 사랑한다. 그러나 이것은 복이 아닌 저주를 선택하고 생명이 아닌 사망을 선택하는 것이다.

하나님을 사랑하는 것은 무엇인가? 첫째, 하나님의 말씀을 지켜 행하는 것이다.

> "네 하나님 여호와를 사랑하고 그 모든 길로 행하며 그의 명령과 규례와 법도를 지키라 하는 것이라"(신 30:16a).

성경에 여호와를 사랑하는 것은 그 모든 길로 행하며 그의 명령과 규례와 법도를 지키는 것이라고 나와 있다.

"네 하나님 여호와를 사랑하고 그의 말씀을 청종하며 또 그를 의지하라"(신 30:20a).

또한 여호와를 사랑하는 것은 그의 말씀을 청종하며 그를 의지하는 것이라고 한다. 청종은 하나님이 말씀하시는 대로 잘 듣고 그 말씀을 순종하는 것이다. 따라서 하나님을 사랑하는 것은 하나님이 하시는 그 말씀을 듣고 지켜 행하며 사는 것이다. 예수님은 이렇게 말씀하셨다.

"너희가 나를 사랑하면 나의 계명을 지키리라"(요 14:15).

이것은 말씀에 대한 순종을 사랑과 결부시켜 말씀하신 것이다. 사도 요한 역시 그렇게 말했다.

"하나님을 사랑하는 것은 이것이니, 우리가 그의 계명들을 지키는 것이라 그의 계명들은 무거운 것이 아니로다"(요일 5:3).

이 말씀을 정리하면 "하나님을 사랑하는 것은 주님이 우리에게 주신 계명을 지키는 것이다. 그런데 그 계명은 무거운 것이 아니다"라는 말이다.

그래서 본문을 보면 "그의 말씀을 청종하라" 이전에 "네 하나님 여호와를 사랑하라"가 먼저 나온다. 무엇이 먼저인가? 순종인가, 사랑인가? 사랑이 먼저다. 하나님을 사랑하는 자만이 기쁨과 즐거움으로 그 계명을 지켜 행할 수 있기 때문이다. 부모는 왜 자식을 위해 희생하며 헌신하는가? 이유는 단 한 가지, 자식을 사랑하기 때문이다.

하나님은 우리와 하나님의 관계가 의무적이기를 원하지 않으신다. 사랑의 관계가 되기를 원하신다. 그래서 의무적으로, 어쩔 수 없이, 마지못해, 억지로 그 계명을 지키는 것이 아니라 하나님을 사랑하기 때문에 기쁨과 즐거움으로 말씀을 듣고 순종하기를 원하시는 것이다.

2007년 4월 8일 터키에서 독일 선교사 틸만(Tilman)과 함께 사역하던 터키인 두 명이 이슬람 원리주의자들에게 체포되어 고문당하고 온몸이 칼로 난자당한 채 순교했다.

사건 직후 터키 방송에 출연한 선교사 틸만의 부인은 "나와 가족은 남편을 살해한 이들을 그리스도의 이름으로 용서합니다"라고 말했고, 이것은 모든 무슬림을 경악하게 만들었다.

아나운서가 "이제 독일로 돌아가겠습니까?" 묻자 그녀는 침착하게 대답했다. "아닙니다. 나는 남편의 시체를 남편이 사랑한 이 땅 말라타야에 묻을 것입니다. 우리 가족은 여기서 9년 6개월을 살았습니다. 이곳은 우리의 새로운 고향입니다. 아이들은 여기서 계속 학교에 다닐 것이고 우리는 남편의 무덤에 꽃을 들고 자주 방문할 것입니다. 그리고 예전처럼 이웃에게 예수 그리스도의 사랑을 나누며 살아가는 길을 택할 것입니다."

순교를 당한 틸만 선교사의 부인은 원수를 사랑하라는 그 계명을 지켰다. 하나님을 사랑하고 하나님이 사랑하는 그 땅의 영혼을 사랑했기에 남편을 살해한 이들을 예수 그리스도의 이름으로 용서할 수 있었던 것이다. 틸만 선교사의 부인과 가족은 하나님을 사랑하므로 사망이 아닌 생명을 선택했다. 이처럼 하나님을 사랑하는 것은 그 말씀을 듣고 지켜 행하는 것이다.

둘째, 하나님을 사랑하는 것은 우상을 숭배하지 않는 것이다.

> "그러나 네가 만일 마음을 돌이켜 듣지 아니하고 유혹을 받아 다른 신들에게 절하고 그를 섬기면 내가 오늘 너희에게 선언하노니 너희가 반드시 망할 것이라"(신 30:17-18a).

하나님은 너희가 유혹을 받아 다른 신을 섬기면 반드시 망할 것이라고 경고하셨다. 우상 숭배는 하나님이 가장 미워하시는 죄이다. 그런데 이스라엘 자손은 이런 하나님의 명령에도 젖과 꿀이 흐르는 가나안 땅에 들어가 우상을 숭배하기 시작했다. 그리고 하나님의 심판을 받아 북 왕국은 앗수르에게, 남 왕국은 바벨론에게 멸망을 당하고 말았다.

오늘을 살아가는 그리스도인들은 적어도 눈에 보이는 우상을 숭배하지는 않는다. 하지만 어쩌면 눈에 보이지 않는 탐심이라는 더 강력한 우상을 숭배하고 있는지도 모른다. 골로새서 3장 5절에는 "탐심은 우상 숭배니라"고 나와 있다. 탐심은 돈, 재물에 대한 욕심을 말한다. 예수님도 마태복음 6잘 24절에서 "한 사람이 두 주인을 섬기지 못할 것이니 혹 이를 미워하고 저를 사랑하거나 혹 이를 중히 여기고 저를 경히 여김이라 너희가 하나님과 재물을 겸하여 섬기지 못하느니라"고 말씀하셨다.

돈은 단순한 물질이 아니다. 가장 영적인 것이다. 사람들은 돈 아니면 하나님을 인생의 주인으로 삼고 살아간다. 하나님은 우리가 탐욕의 지배를 받으며 살기를 원하지 않으시기에 끊임없이 돈을 사랑하지 말라고 경고하신다.

"돈을 사랑하지 말고 있는 바를 족한 줄로 알라"(히 13:5a).

"돈을 사랑함이 일만 악의 뿌리가 되나니"(딤전 6:10a).

하나님이 십일조를 구별하여 드리라고 하는 여러 가지 이유 중 하나는 우리를 탐욕의 지배로부터 벗어나게 하시려는 것이다. 십일조는 인생의 주인이 돈이 아니라 하나님이심을 고백하는 신앙고백이다. 그래서 하나님은 자신의 이름의 명예를 걸고 온전한 십일조를 드리라고 요구하시는 것이다.

"만군의 여호와가 이르노라 너희의 온전한 십일조를 창고에 들여 나의 집에 양식이 있게 하고 그것으로 나를 시험하여 내가 하늘 문을 열고 너희에게 복을 쌓을 곳이 없도록 붓지 아니하나 보라"(말 3:10).

하나님은 우리를 믿음으로 판단하신다. 하나님의 평가 기준은 언제나 믿음이다. 그래서 "네 믿음이 크도다"라고 칭찬도 하시고, "믿음이 작은 자여"라며 책망도 하신 것이다. 여기서 믿음의 척도는 바로 물질이다. 그래서 "물질 있는 곳에 네 마음도 있다"라는 말씀을 하신 것이다.

인생은 선택이다. 하나님은 우리 앞에 복과 저주, 사망과 생명을 두셨고, 그 선택은 온전히 나의 몫으로 그중 사망이 아닌 생명을 선택하는 것은 하나님을 사랑한다는 것이다. 하나님을 사랑한다는 것은 말씀을 지켜 행하고 우상 숭배를 하지 않으며 탐욕의 지배를 받지 않는 것이다. 하나님의 자녀, 그리스도의 제자로 살아가는 모든 지체가 이 사실을 기억하고 선택의 기로에서 저주가 아닌 복을, 사망이 아닌 생명을 선택할 수 있기를 소망한다. 그것이 우리의 지친 영혼을 하나님의 사랑으로 회복하는 길이 될 것이다.

. . . . .

생명을 선택하면 생명을 얻고
그 생명의 풍성함 가운데 살지만
사망을 선택하면 사망이 우리에게 임한다.
사망이 아닌 생명을 선택하는 것은
하나님을 사랑하는 것이다.

사
망
이 아
생 닌
명
을 선
택
하
라

인생은 선택이다. 신앙생활 역시 충성과 열심 이전에 선택의 문제이다. 앞서 인생의 성공과 실패는 선택에 의해 결정된다고 했다. 행복과 불행, 복과 저주 역시 마찬가지라고 했다. 선택이 방향을 결정짓기 때문이다. 하나님은 지금도 우리 앞에 복과 저주, 생명과 사망을 두셨다고 말씀하신다.

"내가 오늘 하늘과 땅을 불러 너희에게 증거를 삼노라 내가 생명과 사망과 복과 저주를 네 앞에 두었은즉 너와 네 자손 이 살기 위하여 생명을 택하고"(신 30:19).

복과 저주, 사망과 생명 중 선택하는 것은 우리의 몫이다. 복을 선택하면 복이 임하고, 저주를 선택하면 저주가 임한다. 사망을 선택하면 사망이 임하고, 생명을 선택하면 생명을 얻고 그 생명의 풍성함 가운데 살게 된다. 그러므로 우리는 저주가 아닌 복을, 사망이 아닌 생명을 선택해야 한다.

성령의 인도하심을 따르라

사망이 아닌 생명을 선택하는 것은 육신의 소욕을 따라 살지 않고 성령의 인도하심을 따라 사는 것을 의미한다. 우리가 예수님을 믿음으로 구원을 받고 하나님의 자녀가 되는 순간 성령님이 우리 안에 거하시게 되었다. 그래서 사도 바울은 "누구든지 그리스도의 영이 없으면 그리스도의 사람이 아니라"(롬 8:9b)고 했다.

그런데 우리 안에 거하시는 성령님은 단순히 우리 안에 손님처럼 머물러 계시려고 오신 것이 아니다. 끊임없이 일하기 위해 오셨다. 예수님도 진리의 성령님이 우리를 모든 진리 가운데로 인도하실 거라고 말씀하셨다.

"그러나 진리의 성령이 오시면 그가 너희를 모든 진리 가운데로 인도하시리니"(요 16:13a).

성령님이 우리의 몸을 성전 삼고 우리 안에 거처를 정하고 우리 안에 계시는 이유는 우리를 인도하시기 위해서이다. 그래서 사도 바울도 "너희는 성령을 따라 행하라"(갈 5:16a)고 말했다.

우리는 지금 광야의 나그네 인생길을 걷고 있다. 광야에는 길이 없다. 그러므로 반드시 성령의 인도하심이 필요하다. 하나님은 출애굽한 이스라엘 백성이 광야를 거닐 때 구름 기둥과 불 기둥으로 그들을 보호하시고 인도하셨다. 이스라엘 백성은 구름이 머무르면 그곳에 텐트를 치고 함께 머물렀다. 그러다가 구름이 떠오르면 텐트를 거두어 구름을 바라보며 나아갔다. 한마디로 구름의 인도를 받은 것이다. 바로 이 구름이 신약 시대의 성령님이다. 따라서 우리도 이스라엘 백성이 그랬듯이 성령의 인도하심을 따라 살아야 한다.

그렇다면 우리는 왜 성령의 인도하심을 따라 살아야 하는가? 그것은 바로 우리가 하나님의 아들이기 때문이다.

"무릇 하나님의 영으로 인도함을 받는 사람은 곧 하나님의 아들이라"(롬 8:14).

하나님의 아들은 그저 신앙생활을 영위한다는 이유로 교회를 다니는 사람이 아니다. 놀랍게도 오랜 봉사와 섬김으로 교회 안에 직분을 가지고 있는 사람이 아니다. 아무리 교회를 오래 다니고 교회에서 직분이 있어도 하나님의 아들이 아닐 수 있다. 그렇다면 누가 하나님의 아들인가? 하나님의 영,

즉 성령의 인도하심을 받는 사람이다.

정말 예수님을 믿고 믿음으로 구원을 받았는가? 죄와 사망의 법에서 해방되어 하나님의 아들이 되었는가? 그렇다면 반드시 성령의 인도하심을 따라 살아야 한다. 구원을 받았다고 하면서도 성령의 인도하심을 따라 살기를 거부하는 것은 진정한 하나님의 아들이 아니기 때문이다.

성령의 인도하심을 따라 살아야 하는 또 다른 이유는 생명과 평안의 축복을 누리기 위해서이다.

> "육신의 생각은 사망이요 영의 생각은 생명과 평안이니라 육신의 생각은 하나님과 원수가 되나니"(롬 8:6-7).

생각에는 육신의 생각과 영의 생각이 있다. 육신의 생각은 하나님이 없는 생각으로 타락한 인간의 본성에서 나온 생각이다. 그래서 사도 바울은 육신의 생각은 하나님과 원수가 된다고 했다. 그리고 타락한 인간의 본성에서 나오는 육신의 생각으로 맺는 열매들에 대해 이렇게 말한다.

> "육체의 일은 분명하니 곧 음행과 더러운 것과 호색과 우상숭배와 주술과 원수 맺는 것과 분쟁과 시기와 분냄과 당 짓는 것과 분열함과 이단과 투기와 술 취함과 방탕함과 또 그와 같은 것들이라"(갈 5:19-21a).

성령의 인도하심을 받지 않고 육체의 소욕을 따라 살면 말씀에 나온 것처럼 방탕한 인생을 산다. 결국 성령의 인도하심을 받지 않고 육신대로 살면 죽게 되는 것이다. 여기서 육신은 사람의 몸을 말하는 것이 아니라 타락한 죄의 본성을 말한다.

"너희가 육신대로 살면 반드시 죽을 것이로되 영으로서 몸의 행실을 죽이면 살리니"(롬 8:13).

그러나 성령의 인도하심을 따라 살면 생명과 평안의 축복을 누린다.

"육신의 생각은 사망이요 영의 생각은 생명과 평안이니라"(롬 8:6).

성경에서도 볼 수 있듯이 성령님이 역사하시는 현장에는 언제나 살아나는 역사가 있었다. 에스겔 골짜기의 마른 뼈들이 살아나고, 메마른 광야에 화초가 피어나며, 죽음의 바다인 사해도 다시 살아나 떠났던 어부가 돌아왔다.

또한 성령의 인도하심을 따라 살면 세상이 줄 수 없는 평안을 누린다. 하나님 나라는 먹는 것과 마시는 것이 아니요 오직 성령 안에 있는 의와 평강과 희락이기 때문이다.

"하나님의 나라는 먹는 것과 마시는 것이 아니요 오직 성령
안에 있는 의와 평강과 희락이라"(롬 14:17).

하나님 나라의 특징은 의와 평강과 희락으로 오직 성령 안에서
만 누릴 수 있다. 우리가 성령의 인도하심을 따라 살면 하나님 나
라가 우리 가운데 임하고, 우리는 의와 평강과 희락이라는 하나
님 나라를 경험하게 될 것이다. 성령의 인도하심을 따라 살다가
재정의 손실이나 관계의 아픔을 경험할 수도 있지만 분명한 사실
은 그 안에서도 생명과 평안의 축복을 누릴 수 있다는 것이다.

생명을 살리는 말씀을 선택하라
한편 이렇게 성령의 인도하심을 따라 살려면 생명의 언어를
사용해야 한다. 성경을 보면 우리 입에서 나오는 말이 우리의 생
명과 직결되어 있다는 것을 알 수 있다.

"그러므로 생명을 사랑하고 좋은 날 보기를 원하는 자는 혀
를 금하여 악한 말을 그치며 그 입술로 거짓을 말하지 말고"
(벧전 3:10).

'축복'은 라틴어로 '베네딕시오'(benedictio)라고 한다. 그것은
'좋게'(bene)와 '말하다'(dicree)라는 말이 결합된 합성어이다. 즉
축복은 상대방에게 긍정적으로 좋게 말하는 것이다. 하지만 요

즘 방송이나 인터넷에서는 축복의 말을 하는 사람보다 막말을 하는 사람들이 더 많다. 긍정적인 말을 하는 사람보다 악하거나 파괴적인 말을 하는 사람들이 더 많은 것이다. 심지어 온라인상에서는 온갖 욕설과 비방으로 인격 살인을 가하는 악플러들이 있다. 이러한 악플러들 때문에 우울증에 걸리고 결국 목숨까지 끊는 사람들이 생겨날 정도이다.

그렇게 막말을 하고 끊임없이 비판하며 파괴적인 말을 하는 사람들은 과연 인생을 행복하게 살아가고 있을까? 욕설과 비방 등 끊임없이 죽이는 말로 타인에게 아픔과 상처를 주면서도 평안 가운데 인생을 마감하는 사람이 있을까? 그러한 인생의 마지막은 분명 아름답지 않을 것이다. 그 한 사람뿐 아니라 그 후손 역시 행복하지 않을 것이다.

진정 우리가 생명을 사랑하고 좋은 날을 보기를 원한다면 사망이 아닌 생명을 살리는 말을 해야 한다. 파괴적이고 부정적인 말이 아닌 믿음과 소망의 말을 해야 하는 것이다. 그래야 생명의 풍성함을 누리고 좋은 날이 내게 임한다. 잠언에도 그 내용이 나온다.

"온순한 혀는 곧 생명나무이지만 패역한 혀는 마음을 상하게 하느니라"(잠 15:4).

혀는 온순한 혀가 있고 패역한 혀가 있다. 온순한 혀는 따뜻하고 부드러운 말을 한다. 반면 패역한 혀는 왜곡되고 거짓되고 잔

인한 말을 한다. 솔로몬은, 온순한 혀는 생명 열매를 맺게 하는 생명나무와 같다고 말한다. 생명나무와 같다는 것은 듣는 사람에게 생명력을 불어넣어 준다는 뜻이다. 그렇다. 온순한 혀는 생명의 기운을 불어넣어 주어 아픔과 상처를 치유한다. 위로와 용기, 새로운 소망을 갖게 하고 다시 일어나 도전하게 하는 것이다.

한국밀알선교단 단장을 역임했던 이민우 목사님의 이야기이다. 이 목사님은 고등학교 시절 문제를 많이 일으키는 불량 학생이었다. 열차로 서울까지 통학했는데 열차 안에서 싸움질도 하고 술과 담배도 많이 피웠다. 때로는 20일이 넘도록 무단가출을 하여 부모님을 애태우기도 했고, 학교 성적은 전교생 495명 가운데 495등이었다. 실상 전교 1등을 하는 것보다 더 어려운 꼴등 중의 꼴등이었던 것이다.

그럼에도 이 목사님의 아버지는 언제나 "나는 너를 믿는다"라고 했다. 술을 먹고 담배를 피우고 싸움질을 하고 와도 "아빠는 너를 믿어"라고 말해 주었다. 심지어 무단가출을 하고 돌아왔을 때도 "나는 너를 믿는다"라고 말해 주었다. 495명 중에 495등이라는 성적표를 내밀었을 때도 변함없이 "아빠는 너를 믿어"라고 말해 주었다. 처음에는 듣기 좋은 말로 하는 줄 알았지만 계속되는 격려를 통해 아버지의 진정성을 느꼈다.

그리고 '아버지는 나를 이렇게 믿어 주는데 내가 이렇게 살면 안 되겠다' 하는 생각에 독하게 마음먹고 공부를 하기 시작했다. 각고의 노력 끝에 전교 1등을 했고 마침내 서울대에까지 들어갔다. 나중에는 미국 유학까지 가서 공부했고 그곳에서 미국 공인회계사를 거쳐 LG그룹의 최고 재무경영자 CFO가 되었다. 그리고 마침내 목사가 되어 한국밀알선교단 단장으로 장애인들을 섬기게 된 것이다. 바로 "나는 너를 믿는다"라는 아버지의 온순한 말이 생명의 기운을 불어넣어 생명의 열매를 맺은 것이다.

미국의 존스홉킨스 대학병원에 '신의 손'이라는 별명을 가진 소아신경외과 벤 카슨(Ben Carson) 박사라는 분이 있다. 그는 세계에서 처음으로 머리와 몸이 붙은 채 태어난 샴쌍둥이를 분리하는 데 성공했다.

그렇게 훌륭한 카슨 박사 역시 어두운 성장기를 보냈다. 8세 때 부모의 이혼으로 편모슬하에서 자라면서 불량 친구들과 어울려 싸움을 일삼았다. 그는 피부가 검다는 이유로 백인 친구들에게 따돌림을 당했고 초등학생 때는 꼴찌를 도맡는 지진아였다. 초등학교 5학년 때까지 구구단을 외우지 못했고 수학 시험중 한 문제도 못 풀어 급우들에게 놀림을 당했다.

하지만 그의 어머니는 꼴찌를 하고 따돌림을 당해도 언제나 "벤, 너는 마음만 먹으면 무엇이든 할 수 있어. 노력만 하면 할수 있어"라는 말을 해주었다. 어머니의 이 말에 용기를 얻은 벤은 중학교에 들어가면서 공부에 집중했고 명문 예일대를 거쳐 존스홉킨스 대학병원의 의사가 되었다. 그리고 결국에는 신의 손이라 불리는 최고의 외과의사가 되었다.

잠언 기자는 의인의 입은 생명의 샘이고 악인의 입은 독을 머금었다고 말한다.

> "의인의 입은 생명의 샘이라도 악인의 입은 독을 머금었느니라"(잠 10:11).

말에는 생명을 살리는 말이 있고 독을 머금은 말이 있다. 독을 머금은 말은 죽이는 말, 사망의 언어를 말한다. 독을 머금고 있으면 독을 머금고 있는 그 사람도 죽는다. 자기뿐만 아니라 다른 사람도 죽게 하는 것이다. 사람의 죽고 사는 것이 바로 이 혀에 달려 있다. 그래서 잠언 기자는 죽고 사는 것이 혀의 힘에 달려 있다고 한 것이다.

> "죽고 사는 것이 혀의 힘에 달렸나니 혀를 쓰기 좋아하는 자는 혀의 열매를 먹으리라"(잠 18:21).

사망의 말, 죽음의 말은 부정적인 말이다. 비난과 저주의 말, 불신앙의 말이요, 거짓과 파괴의 말이다. 그리스도를 구주로 삼는 자들은 부정적이고 파괴적인 말을 하지 않아야 한다. 누군가 부정적인 말을 하고 험담을 하고 불신앙적인 말을 하면 그 자리에서 그 말을 하지 못하게 해야 한다. 그것이 그 사람을 살리고 공동체를 지키는 길이다.

가장 최선의 때는 바로 오늘이다

그렇다면 우리는 언제 사망이 아닌 생명을 선택해야 하는가? 바로 지금, 오늘이다. 신명기 30장 15-20절에는 '오늘'이라는 시간을 나타내는 부사가 네 번이나 나온다. 이 말은 사망이 아닌 생명을, 저주가 아닌 복을 바로 오늘 선택해야 한다는 뜻이다.

그렇다. 결정하고 택해야 할 때는 바로 오늘이다. 내일로 미루면 안 된다. 그런데 많은 사람이 하나님을 사랑하고 그 말씀을 지켜 행하는 것을 내일로 미룬다. 그러나 내일은 나의 시간이 아니다. 내일로 미루는 것은 사탄의 전략이다.

우리는 바로 지금, 하나님을 사랑해야 한다. 지금, 말씀대로 순종하고 탐욕의 지배에서 벗어나야 한다. 지금, 성령의 인도하심을 따라 살아야 한다. 지금, 욕설과 거짓과 비방과 부정적인 말을 끊어버리고 생명의 언어를 사용해야 하는 것이다.

> "내가 생명과 사망과 복과 저주를 네 앞에 두었은즉 너와 네 자손이 살기 위하여 생명을 택하고"(신 30:19b).

우리와 우리 자손이 살기 위해서 우리는 사망이 아닌 생명을 선택해야 한다. 우리 인생의 열매는 심는 대로 거둔다. 우리의 입에서 나오는 말에는 각인력, 견인력, 성취력이 있기에 우리는 생명의 말을 해야 하는 것이다. 오늘 우리가 육신이 아닌 성령을 따라 살면 생명이 우리와 우리 자녀에게 임한다. 그러나 육신을 따라 살면 하나님이 불평하고 원망하는 이스라엘 백성을 향하여 "너희 말대로 되게 하리라"고 말씀하신 것처럼 우리 역시 패망의 길을 걷게 될 것이다.

이 땅에 사는 날 동안 그리스도의 선하신 계획을 따라 잘되기를 원하는가? 하늘 소망을 품으며 이 땅에서 다함없는 하나님의 은혜를 누리기를 원하는가? 우리와 우리의 자손이 주님의 생명의 길을 따라 살기를 원하는가? 사망이 아닌 생명을 선택하라. 그 길이 좁고 험하게 보이지만 끝에는 하나님의 영광이 기다리고 있을 것이다. 그것이 이 땅에서 회복하고 승리하는 길이다.

생명을 선택하면
생명을 얻고
그 생명의 풍성함
가운데 살지만
사망을 선택하면
사망이 우리에게 임한다.
사망이 아닌 생명을
선택하는 것은
하나님을 사랑하는 것이다.

. . . . .

초대 교회 성도들은 만나서
토론하거나 논쟁하지 않았다.
한 영혼을 사랑하는 뜨거운 가슴,
성령의 은혜를 사모하는 뜨거운 마음으로 만났다.
그 만남이 오늘날 예배로 이어진 것이다.

한마음과 한입이 모여 예배가 된다

인간을 흔히 사회적 동물이라고 한다. 인간은 혼자서 살 수 없는 존재이기 때문이다. 끊임없이 관계를 맺고 그 관계 속에서 살아가는 것이 우리 인간이다. 그러므로 관계가 중요하다. 관계는 수직적인 관계와 수평적인 관계가 있다. 수직적인 관계는 나와 하나님과의 관계, 즉 피조물과 조물주의 관계이고, 수평적인 관계는 사람과 사람과의 관계를 말한다.

관계가 대안이다

미국의 카네기재단에서 사회적으로 성공한 사람들 만 명을 대상으로 성공한 비결을 물어본 적이 있다.

"어떻게 돈을 많이 벌었습니까?", "어떻게 승진을 빨리 했습니까?", "어떻게 그 힘든 일을 해냈습니까?", "어떻게 유명해졌습니까?"

이런 질문에 대한 결과는 놀라웠다. 그중 15%만이 머리, 기술, 노력으로 성공했다고 답했고, 85%는 인간관계를 통해서 성공했다고 답했다.

하버드 대학교에서도 졸업생 중 실직자를 대상으로 직장을 그만둔 이유를 물었는데 일을 잘못해서 쫓겨난 사람보다 인간관계가 나빠서 그만둔 사람이 두 배나 많았다고 한다. 한마디로 인간관계가 좋은 사람이 성공하고 인간관계가 나쁜 사람은 실패할 확률이 높다는 것이다.

그런데 사람들은 관계를 중요하게 생각하지 않는다. 관계보다는 돈 벌고 배우는 일에만 몰두한다. 그러다 보니 하나님과의 관계도, 가족과의 관계도, 직장동료들과의 관계도 원만하지 못하여 힘들어한다. 급기야는 회사에서 퇴출을 당하고 가족 공동체는 붕괴된다.

미국의 브리검영 대학교 연구진이 대인 관계와 건강의 상관성을 연구하여 그 결과를 발표한 적이 있다. 30만 8천 명을 대상으로 연구했는데 대인관계가 좋은 사람이 그렇지 않은 사람보다 죽을 확률이 50% 정도 낮다는 결과가 나왔다. 건강을 위해 열심히 운동하고 금연하고 금주하는데, 사실 사람과 사람과의 관계를 잘 유지하는 것이 더 중요하다는 것을 명확하게 보여주는 것이다.

하버드 대학교의 리스 벌크만(Lis Berkman) 교수는 사람들과의 접촉이 적은 환자가 사회적 유대감이 좋은 사람들보다 사망률이 세 배 이상 높다는 사실을 9년의 연구를 통해 밝혀냈다. 인간관계의 폭이 좁은 사람일수록 나이를 먹어가면서 면역기능이 떨어진다는 것이다. 반대로 사람들과 접촉이 많고 풍성한 관계를 맺으며 살아가는 사람은 면역력이 강화되고 건강했다.

유럽을 여행하다 보면 산과 강이 어우러져 한 폭의 그림처럼 보이는 마을이 있다. 부러운 마음에 '이곳에서 사는 사람들은 얼마나 행복할까'라는 생각이 저절로 들었다. 그런데 놀라운 것은 그곳에 사는 사람들의 행복 지수가 그리 높지 않다는 사실이다.

2014년 3월 31일 MBC 뉴스에서 파리의 권순표 특파원은 프랑스에서 가장 아름다움을 자랑하는 리무쟁(Limousin)에 사는 사람들이 가장 불행한 것으로 조사 결과가 나왔다고 보도했다. 절경을 자랑하는 세계적 휴양지 니스(Nice)가 있는 꼬트다쥐르(Côte d'Azur) 역시 불행한 지역으로 꼽혔다. 흥미로운 사실은 파리 인근 생드니(Saint-Denis)에 사는 사람들의 행복 지수는 평균보다 훨씬 높았는데 그 이유가 바로 마을 구성원의 24%를 차지하는 아이들이었다는 것이다.

행복은 관계이다. 아이들로 인한 관계가 나이로 인한 외로움을 이겨내게 만든 것이다. 어떻게 보면 아이들이 가장 강력한 항

우울증제인 셈이다. 인간은 관계를 통하여 행복을 경험하기도 하고 불행을 경험하기도 한다.

그런데 이렇게 중요한 대인 관계가 위기를 맞고 있다. 인터넷과 미디어의 발달로 인하여 사람들의 관계가 점점 소원해지고 각 사람은 더욱 외톨이가 되어 가고 있다. 지하철을 타 보면 눈을 감고 잠을 청하는 사람을 제외하고 사람들은 대부분 스마트폰으로 무언가를 하고 있다. 젊은 사람들은 엘리베이터를 타도 스마트폰에 집중한다. 심지어 예배 시간에도 스마트폰으로 무언가를 하는 사람들이 있다. 갈수록 더 삭막한 세상이 되어가는 것 같다.

예전에는 아낙네들이 모여 빨래를 하면서 수다를 떨었다. 남편과 시어머니 흉을 보면서 스트레스도 풀고 그랬는데 이제는 그런 수다를 떨 수 있는 공간도 사라진 지 오래되었다.

어떤 글에서 남자는 하루에 2만 5천 마디의 말을 하고 여자는 3만 마디의 말을 한다는 내용을 보았다. 하지만 사실상 그렇게 말을 하는 사람은 많지 않은 것 같다. 직장인들은 업무를 대부분 인터넷으로 하다 보니 동료들과 많은 대화를 나누지 못한다. 살림하는 주부도 마찬가지이다. 집안일을 하면 누군가와 대화를 나눌 시간이 턱없이 부족하다. 그래서 남편이 퇴근하여 들어오면 수다를 떠는데 종일 업무에 지쳐 피곤한 남편들은 아내의 수다를 힘들어하는 경우가 많다.

하지만 수다도 정신 건강에 도움이 된다고 한다. 심지어는 '수다의 영성'이라는 말까지 사용하면서 수다를 떨라고 하는 목회자도 있다. 이것은 그만큼 우리 사회가 대화의 결핍과 자기중심적 관계로 인하여 많은 어려움을 겪고 있다는 반증이다.

그런데 세상 사람들뿐만 아니라 그리스도인들도 더불어 신앙생활을 하려고 하기보다 홀로 하려고 한다. 그래서 심방도 받지 않으려 하고 소그룹 안에 들어오려고 하지도 않는다.

거룩한 삶은 세상 사람들과의 단절이 아니다. 주님은 분명히 우리를 향하여 세상으로 나아가라고 했다. 세상 속에서 빛과 소금이 되라고 말씀하셨다. 그러므로 우리는 더 적극적인 사귐과 교제를 가져야 한다.

제레미 리프킨(Jeremy Rifkin)은 21세기를 '접속의 시대'(The Age of Access)라고 했다. 그는 "21세기에는 누가 강력한 사람인가?"라는 질문을 하면서 이렇게 대답했다. "21세기의 강자는 얼마나 많은 것을 소유하느냐가 아니라, 얼마나 많이 접속할 수 있느냐에 달려 있다." 행복은 소유가 아니라 접속, 바로 관계라는 것이다. 그러므로 그리스도의 몸 된 공동체 안에서 좋은 사람들을 사귀는 것은 최고의 재산이며 최고의 축복이다. 또한 사람들과의 관계 회복이 중요하다.

예배보다 화목이 먼저다

예수님은 형제와의 화목을 말씀하시면서 동시에 예배에 대해서도 말씀하셨다. 그리고 예배에 대한 말씀을 묵상해 보면 예배는 '드림'이라는 사실을 알 수 있다.

"여호와의 이름에 합당한 영광을 그에게 돌릴지어다 제물을
들고 그 앞에 들어갈지어다"(대상 16:29a).

예배의 본질은 드림이다. 예배는 보는 것이 아니다. 예배는 우
리를 구원하신 주님께 나아가 최고의 경배를 드리는 것이다. 찬
양과 경배와 기도를 드리고 물질을 드리는 것이다.

그런데 예수님은 예배를 드림보다 형제와의 화목이 더 먼저
라고 말씀하신다.

"그러므로 예물을 제단에 드리려다가 거기서 네 형제에게
원망들을 만한 일이 있는 것이 생각나거든 예물을 제단 앞
에 두고 먼저 가서 형제와 화목하고 그 후에 와서 예물을 드
리라"(마 5:23-24).

말씀에 나온 원망은 단순히 감정 상태를 말하는 것이 아니다.
강한 적대감이나 원수로 여길 만큼 심각한 상황뿐 아니라 사소
한 의견 대립도 여기에 포함된다. 따라서 누군가와 서로 마음이
상해 있다면 먼저 가서 형제와 화목하고 그 후에 예배를 드려야
한다.

사실 하나님의 사람에게 예배보다 우선인 것은 없다. 그래서
하나님의 사람들은 무엇을 하든지 가장 먼저 예배를 드리는 것
이다. 하지만 예수님은 예배를 드리기 전에 형제와 화목하고 그

후에 와서 예물을 드리라고 말씀하신다. 예배를 드림보다 형제와의 화목이 먼저라는 것이다.

예배보다 화목이 먼저인 이유는 첫째, 하나님이 화목하지 않는 예배를 받지 않으시기 때문이다.

"한 마음과 한 입으로 하나님 곧 우리 주 예수 그리스도의 아버지께 영광을 돌리게 하려 하노라"(롬 15:6).

예배는 우리가 각자 삶으로 드리는 삶의 예배가 있고 흩어져 있던 지체들이 예수님의 이름으로 모여 함께 드리는 회중 예배가 있다. 회중 예배에서 중요한 것은 모든 지체가 한마음과 한입으로 하나님께 영광을 돌리고 찬양과 경배와 기도를 드리는 것이다.

그런데 관계의 뒤틀림으로 마음이 상해 있고 미움과 분노를 품고 있다면 어떻게 함께 기도하며 찬양을 드릴 수 있겠는가? 예배는 한마음과 한입으로 영광을 돌리는 것이다. 그렇게 영광을 돌릴 때 하나님은 예배를 받으시고 그곳에 임재하신다.

오순절 마가의 다락방에 언제 성령의 불이 임했는가? 성도 120명이 마음을 같이하여 오로지 기도에 힘썼을 때이다.

"여자들과 예수의 어머니 마리아와 예수의 아우들과 더불어 마음을 같이 하여 오로지 기도에 힘쓰더라"(행 1:14).

성도 120명이 한마음을 품는 것은 쉬운 일이 아니다. 120명 가운데는 여자들, 즉 예수님의 어머니 마리아와 예수님의 육신의 동생들이 있었다. 노예들과 사도들도 있었고 귀부인도 있었다. 그러나 그들은 마음을 같이했다. 왜냐하면 그들은 뜨거운 가슴으로 만났기 때문이다.

초대 교회 성도들은 만나서 회의하지 않았다. 토론하거나 논쟁하지 않았다. 한 영혼을 사랑하는 뜨거운 가슴, 성령의 은혜를 사모하는 뜨거운 마음으로 만났다. 교회가 왜 하나 되지 못하고 분열하는가? 영혼을 사랑하는 뜨거움 없이 차가운 가슴으로 만나기 때문이다. 초대 교회 성도들은 마음이 뜨거웠기 때문에 모여서 기도하고 흩어지면 전도했다.

예배는 한마음과 한입으로 하나님께 영광을 돌리는 것이다. 그러므로 누군가 원수로 맺은 관계가 있다면, 혹 사소한 의견 대립으로 마음이 상한 일이 있다면 화해하고 용서를 구한 후에 예배를 드려야 한다. 기억하라. 하나님은 화목하지 않은 자의 예배를 절대로 받지 않으신다.

예배보다 화목이 먼저인 둘째 이유는, 기도가 막히기 때문이다. 사람과 사람과의 관계가 뒤틀려 있으면 기도가 막힌다. 부부 싸움을 했는데 기도가 잘될 리가 없다. 그래서 베드로는 "아내를 귀히 여기라"고 말하면서 기도가 막히지 않게 하려 함이라고 덧붙였다.

"남편들아 이와 같이 지식을 따라 너희 아내와 동거하고 그를 더 연약한 그릇이요 또 생명의 은혜를 함께 이어받을 자로 알아 귀히 여기라 이는 너희 기도가 막히지 아니하게 하려 함이라"(벧전 3:7).

기도는 영적 호흡이다. 아무리 건강한 사람도 호흡을 하지 못하면 죽는다. 하나님의 사람인 우리는 매일 매 순간 하나님이 주시는 지혜와 능력으로 살아가는데 기도가 막히면 하나님으로부터 공급되는 그 은혜를 누리지 못한다. 하나님의 은혜 없이 살 수 있는 그리스도인이 있는가? 하나님의 사람은 기도가 막히면 괴로워한다. 온종일 일이 손에 잡히지 않고 밤에 잠을 이루지도 못한다. 기도가 막혀서 영혼이 곤고한 것이다.

그런데 기도가 막혀도 영적인 갈등 없이 신앙생활을 하는 사람들이 있다. 여전히 잘 살고 예배를 드리는데도 불편함이 없다. 하지만 그러한 사람은 영혼이 죽어 있거나 화인 맞은 양심일 수 있다.

예배보다 화목이 중요한 셋째 이유는, 축복의 문이 닫히기 때문이다. 어떤 사람과 원수를 맺고 오해와 서운함으로 서로 원망하는 관계라면 사람과의 관계가 묶임을 당한다. 이것을 우리 몸에 빗대어 설명하면 이렇다. 우리의 몸은 혈액순환이 잘되어야한다. 혈액순환이 잘 안되면 산소 공급이 제대로 되지 않아서 손발이 차갑고 편두통과 협심증과 동맥경화 등이 생길 수 있기 때문이다. 증상이 심해져 관상동맥이 좁아지거나 막히면 심근경색으로 세상을 떠날 수도 있다. 그만큼 혈액순환은 중요한 것이다.

인간관계도 마찬가지이다. 내가 누군가를 미워하고 용서하지 못해서 서로 갈등하고 화해하지 못한 채 살아가면 그 사람과 나의 관계가 묶임을 당한다. 사람과 사람의 관계가 묶여 있으면 복의 근원이신 하늘의 하나님이 하늘의 문을 여시고 복을 부어 주셔도 그 복이 내게 임하지 않는다. 그래서 야고보 기자는 이렇게 말했다.

"온갖 좋은 은사와 온전한 선물이 다 위로부터 빛들의 아버지께로부터 내려오나니"(약 1:17a).

상수원에서 아무리 맑고 깨끗한 물을 흘려 보내도 우리 가정의 수도꼭지가 닫혀 있으면 그 물을 사용할 수가 없다. 마찬가지로 하나님이 우리에게 온갖 좋은 은사와 선물을 내려 주셔도 갈등이 있는 관계가 회복되지 않으면 그 복이 우리에게 임할 수 없다.

그러므로 우리는 관계를 점검해 보아야 한다. 하는 일마다 꼬이고 약속된 축복이 임하지 않는다면 하나님과의 관계를 먼저 점검하라. 그리고 사람과의 관계도 점검해 보아야 한다. 그 관계 속에 미움과 분노, 억울함, 서운함 등으로 묶여 있는 것이 있다면 반드시 그것을 풀어야 한다.

혹시 가족끼리, 친구끼리 서로 등을 돌린 채 살아가고 있는 가? 예배를 드리는 지체들끼리 서로 인사도 하지 않고 못 본 척하며 지내고 있는가? 그렇다면 지금 화해의 악수를 먼저 청하고 용서를 구하라. 어쩌면 화해하는 것, 용서하는 것이 죽음보다 더 어려울 수도 있다. 하지만 그럼에도 우리는 화해해야 한다. 그것을 하나님이 기뻐하시기 때문이다.

하나님은 화목하지 않은 자의 예배를 받지 않으신다. 게다가 화목하지 않으면 기도가 막히고 축복의 통로가 막힌다. 그러므로 용기를 내라. 화해는 빠르면 빠를수록 좋다. 지금 화해하고, 지금 화목하고, 지금 용서하라. 예배를 드림보다 화목이 먼저이다.

. . . . .

하나님은 우리의 일방적인 잘못에도
늘 화목으로 답하셨다.
그분의 자녀 된 우리는 화목을 직분 삼아
세상을 끌어안고 보듬어야 한다.
네 이웃을 네 몸과 같이 사랑하라고 하신
당부의 말씀을 잊지 말아야 한다.

인간은 끊임없이 관계를 맺고 그 관계 속에서 살아간다. 그만큼 관계가 중요한 것이다. 앞서 살펴봤듯이 통계적으로도 대인관계가 좋은 사람이 직장생활도 더 잘 적응하고 더 성공적인 인생을 살아간다. 또한 훨씬 건강하고 장수한다. 따라서 더 행복한 삶을 사는 것은 당연한 것이다.

세상은 분노로 가득하다

그런데 우리가 사는 세상은 분노가 지배하고 있다. 화해를 청하고 화목을 말하면 사회적 약자로 여기며 시대에 뒤떨어진 사람으로 생각한다. 어떤 모임에서 협상하는 것을 보면 언제나 강성이 주도한다. 화해와 화목을 말하는 자의 목소리는 잘 듣지 않고 분노를 표출하고 보복을 말하는 사람들이 모임을 지배하는 것이다. 지금 우리가 사는 세상이 꼭 가인의 후손 라멕이 지배하던 세상과 같다.

창세기 4장에는 가인의 후손 라멕이 나온다. 그런데 라멕은 자신이 잘못을 범하고도 오히려 마음의 상처를 받았다고 생각하여 사람을 죽인다.

"라멕의 아내들이여 내 말을 들으라 나의 상처로 말미암아 내가 사람을 죽였고 나의 상함으로 말미암아 소년을 죽였도다"(창 4:23b).

라멕은 과거에 여러 사람에게 많은 상처를 입은 것 같다. 그러다가 아들 야발을 통하여 많은 가축을 갖게 되었다. 그리고 다른 아들 두발가인을 통해 구리와 쇠로 만든 많은 무기를 갖게 되었다. 그러자 라멕은 자신의 마음에 상처를 준 사람들에게 복수하기 시작했다. 자신의 이러한 복수를 부끄럽게 생각하지 않고, 도리어 정당화하고 영웅시했다.

"가인을 위하여는 벌이 칠 배일진대 라멕을 위하여는 벌이 칠십칠 배이리로다"(창 4:24).

하나님도 살인자인 가인을 위하여 7배로 갚으시는데 하물며 자신이 상처를 입힌 자들에게 77배로 갚는 것이 무슨 문제가 되겠느냐는 것이다. 이는 오늘 이 시대를 사는 우리의 모습과 참 많이 닮았다. 사람들은 라멕처럼 자신의 분노를 부끄럽게 생각하는 것이 아니라 도리어 정당화하고 영웅시하려는 경향이 있다. 그래서 분을 내고 분열을 일삼으며 자신의 마음에 상처를 안겨준 사람들에게 복수하려고 한다.

모든 사람과 더불어 화목하라

그런데 하나님은 우리에게 "모든 사람과 더불어 화목하라"고 말씀하신다. '화목하라'는 말은 '화해하라', '평화를 지키라'는 말이다.

> "할 수 있거든 너희로서는 모든 사람과 더불어 화목하라"(롬 12:18).

우리는 모든 사람과 화목해야 한다. 참으로 근사하고 좋은 말이지만 결코 쉬운 일이 아니다. 우리가 화목해야 할 대상 중에는 정말 껄끄럽고 어려운 사람이 많기 때문이다. 내가 좋아하는 사람, 나를 이해해 주는 사람, 내게 호의적인 사람과 화목하는 것은 누가 못 하겠는가?

그런데 성경에는 "모든 사람과 더불어 화목하라"고 분명하게 말하고 있다. 이 모든 사람은 누구를 말하는 것인가?

> "너희를 박해하는 자를 축복하라 축복하고 저주하지 말라"(롬 12:14).

> "내 사랑하는 자들아 너희가 친히 원수를 갚지 말고"(롬 12:19a).

우리가 화목해야 할 사람들 중에는 우리를 박해하고 끊임없이 미워하며 대적하는 원수 같은 자들이 있다. 분노로 모함하고 악의적인 말로 상처를 입힌 사람도 있다. 그런데 하나님은 그런 사람들과도 더불어 화목하라고 말씀하시는 것이다.

하지만 화목은 더불어 해야 하기 때문에 "할 수 있거든"이라는 유보 조항을 두셨다. 이 말은 모든 사람으로 더불어 화목해야 하지만 상황이 허락하지 않을 때도 있다는 것을 뜻한다. 화목을 위해 노력하지만 때로는 노력만으로 화목이 불가능할 때도 있다.

예를 들어 지금의 남북관계가 그렇다. 그동안 우리는 남북의 화해를 위해 물자를 보내고 금강산 관광과 개성공단을 통해 많은 재정적 도움을 주었다. 물론 우리 기업도 싼 임금으로 물건을 만들 수 있기에 경제적 이익을 얻기도 했다.

하지만 북한은 우리의 바람과는 달리 연평도 도발을 감행하고 천안함을 폭침하여 많은 사람의 목숨을 빼앗았다. 거기서 끝나지 않고 4차 핵실험과 미사일 발사를 강행했다. 이 일로 개성 공단은 패쇄되었고, 유엔(UN)은 만장일치로 강력한 제재 조치를 취했다. 우리는 남북 화해와 평화를 원했지만 북한의 무력도발로 상생과 화해는 사라지고, 이후 금방이라도 전쟁이 일어날 수 있는 일촉즉발의 상태가 계속되고 있다.

이처럼 우리의 의지와 노력만으로 화목할 수 없는 부분이 또 있다. 그것은 신앙의 경계선, 곧 진리의 문제이다. 우리는 모든 사람으로 더불어 화목하기를 원하지만 진리를 타협하면서까지 화목할 수는 없다. 하나님의 뜻을 거스르면서까지 화목할 수는 없는 것이다. 많은 사람이 가정의 평화와 공동체의 화목과 개인의 입신양명을 위해 기독교 신앙을 버릴 것을 강요당한다. 그러나 우리는 단지 그러한 이유로 진리를 배척해서는 안 된다. 이런 이유 때문에 "할 수 있거든"이라는 유보 조항이 들어간 것이다.

> "모든 것이 하나님께로서 났으며 그가 그리스도로 말미암아 우리를 자기와 화목하게 하시고 또 우리에게 화목하게 하는 직분을 주셨으니"(고후 5:18).

우리가 모든 사람과 더불어 화목해야 하는 것은 하나님이 우리에게 "화목하게 하는 직분"을 주셨기 때문이다. 우리는 예수님으로 인하여 하나님과 화목하게 된 자들이다. 예수님은 십자가에 달려 죽으심으로 하나님과 원수 관계였던 우리를 하나님과 화목하게 하셨다.

하나님은 예수 그리스도를 믿는 우리 모두에게 화목하게 하는 직분을 주셨다. 그것은 교회의 어떤 직분보다 더 중요하다. 그러므로 우리는 이 직분을 사명으로 알고 잘 감당해야 한다. 할 수만 있으면 세상 모든 사람과 더불어 화목해야 한다. 이웃들과의 관계에서 화평해야 한다.

그런데 예수님을 믿는다는 사람들이 화해를 잘 안 한다. 예수님을 믿지 않는 사람들도 다투고 난 후에 서로 마주 보며 화해의 악수를 청한다. 맨 정신으로 하기 힘들면 술을 마시고 하기도 한다.

목사인 나도 가끔 불쑥 튀어나오는 말로 상대방에게 상처를 줄 때가 있다. 그러면 금방 용서를 구하고 화해를 한다. 해서는 안 되는 말을 해서 상처를 주었다며 미안하다고 말한다. 사실 목사로서 나도 그렇게 말하는 것이 쉽지 않다. 그러나 그렇게 하지 않으면 기도가 막히므로 기꺼이 화해를 하는 것이다.

주님은 분명히 "내가 너에게 화목하게 하는 직분을 주었으니, 내가 십자가에서 너의 모든 막힌 담을 헐어 놓았으니 모든 사람과 더불어 화목하라"고 말씀하신다. 예수님은 산상수훈에서도 이렇게 말씀하셨다.

"화평하게 하는 자는 복이 있나니 그들이 하나님의 아들이라 일컬음을 받을 것임이요"(마 5:9).

　우리는 평화를 만들어가는 자 'peace maker'가 되어야지, 문제를 일으키는 자 'trouble maker'가 되어서는 안 된다. 하나님의 사람은 언제 어디서나 평화를 만드는 사람이지 긴장 관계를 조성하는 사람이 아니다.
　사실 사람들과 좋은 관계를 맺고 사는 것은 결코 쉽지 않다. 하지만 생각과 감정과 자존심을 내려놓고 모든 사람과 더불어 화평을 누려야 한다. 화목은 우리의 선택이 아니라 필수인 것이다.

가르쳐 주신대로 화목하라
　그러면 어떻게 모든 사람과 더불어 화목할 수 있는가? 첫째, 축복하고 저주하지 말아야 한다.

> "너희를 박해하는 자를 축복하라 축복하고 저주하지 말라"(롬 12:14).

　이란의 이슬람교 지도자 호메이니(Ayatollah Ruhollah Khomeini)는 전 세계 이슬람교 신도들을 향하여 "오늘부터 원수인 레이건(Ronald Reagan)이 죽도록 저주의 기도를 하라"고 명령한 적이 있다. 조선 왕조 말기에 명성왕후도 시아버지인 대원군이 빨리 죽도록 무당을 데려와 궁궐에서 굿판을 벌이고 대원군의 이름을 써 놓고 화살을 쏘면서까지 집요하게 시아버지를 저주했다. 모압 왕 발락도 뇌물로 발람 선지자를 유혹하여 이스라엘 백성에게 저주를 선언하려고 했다.

이렇게 타락한 죄성을 가진 우리는 나를 미워하고 나에게 손해를 끼친 사람에 대하여 끊임없이 저주를 하려고 한다. 그러나 하나님의 사람인 우리는 그렇게 저주를 해서는 안 된다. 마음속으로도 꿈속에서라도 누군가를 저주해서는 안 된다.

"심중에라도 왕을 저주하지 말며 침실에서라도 부자를 저주하지 말라"(전 10:20a).

예수님은 어떠셨는가? 십자가에 달려 죽으실 때 자신을 희롱하고 때리며 십자가에 못 박아 죽인 자들을 위하여 "아버지 저들을 사하여 주옵소서 자기들이 하는 것을 알지 못함이니다"(눅 23:34)라고 기도하셨다. 스데반 집사도 돌에 맞으면서도 "주여 이 죄를 그들에게 돌리지 마옵소서"(행 7:60)라고 기도하고 눈을 감았다. 스데반은 자신을 돌로 쳐 죽이는 원수들을 미워하거나 저주하지 않았다. 오히려 그들을 용서하고 죄를 그들에게 돌리지 말아 달라며 축복하고 기도했다.

하나님은 우리에게 용서하고 사랑하며 축복할 수 있는 권리를 주셨지, 저주할 수 있는 권리를 주신 것이 아니다. 누군가 나를 힘들게 하는가? 누가 나에게 평생 지울 수 없는 상처를 안겨 주었는가? 지금도 나를 모함하고 왕따 시키는 사람이 있는가? 그렇다면 그 사람을 저주하지 말고 도리어 축복하며 기도하라. 나 역시 그런 사람이 있으면 새벽이나 밤에 기도할 때 이름을 부르면서 축복하며 기도한다. 그것이 하나님이 주시는 평화를 맛보는 축복의 통로이기 때문이다.

모든 사람과 더불어 화목할 수 있는 둘째 방법은, 악을 악으로 갚지 말고 선을 행하는 것이다.

"아무에게도 악을 악으로 갚지 말고 모든 사람 앞에서 선한 일을 도모하라"(롬 12:17).

악을 악으로 갚는 것은 타락한 인간의 본성이다. 그래서 자신도 모르게 악을 악으로 갚는다. 그러나 하나님은 도리어 선을 행하라고 하셨다.

엘리사가 도단 성에 있을 때, 아람 왕은 그를 죽이려고 군대를 몰고 쳐들어와서 도단 성을 완전히 에워쌌다. 그때 하나님은 그들의 눈을 어둡게 하여 사마리아까지 이르게 하셨다가 이후 다시 그들의 눈을 열어 보게 하셨다. 그런데 그 순간 그들은 놀라지 않을 수 없었다. 눈을 떠 보니 엘리사를 잡아 죽이겠다는 그들이 사마리아 성에 갇히는 신세가 된 것이었다. 반대로 그들이 적국의 포로가 된 것이다. 그야말로 독 안에 든 쥐였다. "이

제 우리는 가정으로 돌아갈 수도 없고 여기서 죽는 구나"라고
생각했다.

그때 이스라엘의 왕은 당장 그들을 쳐 죽이자고 말한다. 하지
만 엘리사는 이렇게 말한다.

> "대답하되 치지마소서 칼과 활로 사로잡은 자인들 어찌 치
> 리이까 떡과 물을 그들 앞에 두어 먹고 마시게 하고 그들의
> 주인에게로 돌려 보내소서"(왕하 6:22).

결국 왕은 그들을 위하여 큰 잔치를 베풀고 그들로 먹고 마시
게 한 후, 그들의 나라 아람으로 돌아가게 해주었다. 엘리사는
악을 악으로 갚지 않았다. 악을 선으로 갚았다. 이것이 바로 믿
음의 선한 싸움인 것이다. 용서할 수 없는 사람을 용서하는 것,
바로 그것이 선으로 악을 이기는 것이다.

> "네 원수가 주리거든 먹이고 목마르거든 마시게 하라 그리
> 함으로 네가 숯불을 그 머리에 쌓아 놓으리라 악에게 지지
> 말고 선으로 악을 이기라"(롬 12:20-21).

진정한 선은 하나님의 사랑이다. 그러므로 선으로 악을 이기
는 것은 하나님의 사랑으로 악을 이기는 것이다. 그런데 이것은
쉽지 않다. 자신과의 싸움, 내 안에 있는 복수하고 싶은 본능과

의 싸움, 보이지 않는 미움의 영과의 싸움인 것이다.

복수하고 싶다면 사람을 공격하지 말고 문제를 공격하라. 우리는 어떤 문제에 대해 이야기하면서 "당신은 원래 그런 사람이야"라고 인격을 공격한다. 하지만 그것은 옳지 않다. 사람을 사랑하고 악을 미워해야 한다. 하나님이 주시는 분별력으로 선한 것을 추구해야 하는 것이다. 진정한 화목은 죄를 죽이고 사람을 살린다.

모든 사람과 더불어 화목하는 마지막 방법은, 스스로 원수를 갚지 않고 하나님의 진노하심에 맡기는 것이다.

"내 사랑하는 자들아 너희가 친히 원수를 갚지 말고 하나님의 진노하심에 맡기라"(롬 12:19a).

가장 의로우신 분, 하나님께 원수를 맡겨라. 섣불리 내가 원수를 갚으려다가 죄를 짓거나 다칠 수 있다. 그러므로 우리는 조급해하지 말고 원수를 축복하며 기다려야 한다. 여기서도 기다림이 중요하다.

TV 프로그램을 진행하는 뽀빠이 이상용 씨가 전남 곡성의 107세 할아버지를 만나서 인터뷰를 했다.

"할아버지, 이렇게 오래 사신 비결이 뭐예요?"

"할아버지가 뭐야? 그냥 형님이라고 불러!"

"아, 형님 죄송합니다. 형님, 오래 사신 비결이 뭐죠?"

"비결은 무슨, 안 죽으니까 오래 살았지!"

"형님도 그동안 살아오며 미운 사람이 많았을 텐데 어떻게 그걸 다 참고 사셨어요?"

"응, 미운 사람들도 있었지. 하지만 그냥 내버려 뒀어. 그랬더니 지들이 알아서 여든 아흔 살 되어서 다 죽던데 뭘! 미운 사람 있어도 그냥 즐겁게 오래 살면 돼. 절대 화내지 마! 화날 때는 그냥 웃어 버려! 하하하! 이렇게 말이야."

원수를 친히 갚지 말고 하나님께 맡기고 기다려라. 시간이 지나면 하나님이 알아서 가장 선한 방법으로 해결해 주실 것이다. 하나님이 화목하게 하는 직분을 우리에게 주셨으니 모든 사람과 더불어 화목하라. 또한 축복하고 저주하지 말며 악을 악으로 갚지 말고 도리어 선을 행하라. 하나님이 모든 사람과 더불어 화목하는 우리에게 하늘의 문을 여시고 상상할 수 없는 놀라운 은혜와 복을 주실 것이다.